Cornelia Nitsch/Cornelia von Schelling

Das war ich nicht!

Warum Kinder tricksen, schummeln und schwindeln

Wie Eltern damit umgehen

Mosaik

INHALT

Einführung

Das Thema Lügen ist »in«, permanent wird es erforscht und diskutiert – in wissenschaftlichen Untersuchungen, in Zeitschriften, in Spielfilmen und Dokumentationen. Es gibt reihenweise Bücher über die typischen »Frauenlügen«, die klassischen »Männerlügen«, über die niederträchtigen Lügen, die anderen schaden, und die lässlichen Not- oder Höflichkeitslügen, Ausreden und harmlosen Flunkereien im Alltag. Sogar das Täuschen und Tarnen der Tiere ist gründlich erforscht, begründet und dargelegt.

Nur einen Bereich dieses Themenkomplexes hat man erstaunlicherweise in Büchern bisher kaum behandelt: die Kinderlügen. Und diese Lücke wollen wir mit dem vorliegenden Ratgeber füllen.

Eltern erleben unentwegt, dass ihre Kinder sie anschwindeln. Mal kommen sie bloß mit Kinkerlitzchen daher – mit kleinen Ausflüchten, Ausreden, Übertreibungen und harmlosen Flunkereien –, ein andermal jedoch tischen sie faustdicke Lügen und ausgefuchste Täuschungsmanöver auf. Verständlich, dass Eltern sich dann Sorgen machen und oft völlig ratlos sind: Warum lügt mein Kind? Wieso erzählt es mir diese Ammenmärchen? Was geht in ihm vor? Warum sagt es nicht einfach die Wahrheit? Was läuft hier falsch? Hat mein Kind Probleme? Hat es vielleicht Angst? Traut es sich deshalb nicht, die Wahrheit zu sagen?

Dann fragen sich Mütter und Väter: Wie sollen wir auf die Lügen reagieren – mit Schimpfen und mit Strafen? Mit Verständnis? Sollen wir seine Flunkereien einfach übergehen oder die Lüge klipp und klar beim Namen nennen?

Diese und viele andere Fragen zum Thema Kinderlügen werden in diesem Buch anhand von Fallbeispielen eingehend behandelt und beantwortet.

Natürlich wissen wir alle, dass kein Mensch immer nur die ganze Wahrheit sagt, unser Zusammenleben wäre ohne Notlügen, halb ehrlichen Komplimenten und kleinen Heimlichkeiten nicht auszuhalten. Also müssen wir auch Kindern zugestehen, dass sie flunkern, dass sie ihre Phantasie und all ihre Intelligenz und Cleverness einsetzen, um sich aus brenzligen Situationen herauszuschwindeln.

Kinder wollen sich – verständlicherweise – jeden möglichen Ärger ganz schnell vom Hals schaffen, und ein Ausweg besteht eben in Tricksen und Täuschen. Das heißt nicht, dass Eltern sich einfach damit abfinden sollen. Denn anders als bei Tieren besitzt das menschliche Gehirn die Fähigkeit zu moralischen Empfindungen. Wir sind in der Lage, Skrupel zu spüren und ein schlechtes Gewissen zu entwickeln.

Außerdem haben wir den intensiven Wunsch, uns gegenseitig zu vertrauen und uns aufeinander verlassen zu können. Also bemühen wir uns, das Lügen in Grenzen zu halten, uns nicht andauernd zu beschummeln und gegenseitig auszutricksen. Das können Kinder sehr gut nachvollziehen.

Genau darum geht es bei der Erziehung zur Ehrlichkeit, und das ist auch das Anliegen dieses Buches: Wie können Kinder lernen, so aufrichtig zu sein, so offen und verlässlich, emotional so wahrhaftig und authentisch, dass sie – trotz dieser oder jener Flunkerei – zu glaubwürdigen Menschen werden, denen man gerne vertraut?

Die Wahrheit über das Lügen

Eltern, die ihr Kind beim Lügen erwischen, sind fast immer entgeistert. Sie sind enttäuscht, besorgt oder zumindest verärgert. Es wird zwar allenthalben geschwindelt, geflunkert und auch kräftig gelogen – nicht nur im Geschäftsleben und in der Politik, auch unter Freunden und in der eigenen Familie –, aber dennoch bleibt das Lügen für die meisten bedrohlich.

Warum lügen Kinder?

Lügen und Schwindeln erschüttert das Vertrauen, das wir zueinander haben möchten: Wir wollen weder getäuscht noch hintergangen werden, bereits kleine Flunkereien können ungute Gefühle wecken, sie lösen Misstrauen aus, und wir sind auf der Hut. Deswegen erziehen wir unsere Kinder dazu, ehrlich zu sein.

Gerade weil Eltern erleben, mit welcher Perfektion sich zahllose Menschen durch den Alltag mogeln, schwindeln und flunkern, wie sie die Wirklichkeit nach ihren persönlichen Vorstellungen hinbiegen und so darstellen, dass sie für sie von Nutzen ist – gerade deswegen fordern Eltern von ihren Kindern: »Lügt uns nicht an!«

Auch die Erzieher im Kindergarten und die Lehrer in der Schule dringen darauf, die Wahrheit zu erfahren. Und unter den Kindern selbst gilt es als »das Allerletzte«, einen Freund zum eigenen Nutzen zu täuschen oder gar hereinzulegen.

Ein Widerspruch, der immer bleiben wird: Alle Welt lügt – aber unsere Kinder sollen stets die Wahrheit sagen

8

Zu Zeiten unserer Großeltern wurde ein Kind, das log, mit aller Härte bestraft. Das hat sich heute zum Glück geändert. Denn Eltern ist klar, dass Strafen und wütende Moralpredigten meist nur bewirken, dass Kinder innerlich »zumachen« und das nächste Mal noch geschickter lügen, um auf keinen Fall wieder erwischt zu werden.

Eltern reagieren heutzutage differenzierter und fragen sich – anders als früher –, warum ihr Kind lügt. Sie wollen erfahren, was in ihm vorgeht. Sie sind zwar nach wie vor verärgert, wenn sie angeschwindelt werden, aber die wenigsten scheren pauschal

Hat die Stunde der Wahrheit geschlagen, wissen die Kinder streng strafender Eltern: Jetzt heißt es lügen und noch mal lügen!

alle Lügen über einen Kamm. Denn Lüge ist nicht gleich Lüge, Kinder haben die unterschiedlichsten – und oft verständliche – Gründe, die Wahrheit zu vertuschen:

- Am häufigsten lügen sie aus Angst, geschimpft oder bestraft zu werden, wenn sie irgendetwas angestellt oder falsch gemacht haben. Es ist ihnen zu gefährlich, die Wahrheit zu sagen, also schwindeln sie.

- Sie lügen auch, wenn sie die elterlichen Erwartungen nicht erfüllen. Um Vater und Mutter nicht zu enttäuschen, werden schlechte Noten oder sportliche Niederlagen, vermeintliche Blamagen oder Misserfolge vertuscht oder durch Täuschungsmanöver geschickt in Erfolge umgewandelt.

- Oftmals schwindeln Kinder, wenn sie sich schämen und befürchten, von Gleichaltrigen ausgelacht zu werden: Weil es ihnen peinlich ist, dass sie nachts noch hie und da zu den Eltern ins Bett kriechen, oder wenn sie Angst haben, einen Kopfsprung ins Wasser zu machen, bluffen sie einfach oder erfinden eine Notlüge.

- Kinder mit schwachem Selbstvertrauen – etwa Jungen, die in der Gruppe nicht ankommen, oder Mädchen, die sich minderwertig fühlen – buhlen mit Lügengeschichten um mehr Anerkennung: Die einen setzen sich in Szene und prahlen mit phantastischen Reisen, erfundenen Besitztümern und Statussymbolen, andere mit wichtigen Freunden oder tollen Erfolgen und Fähigkeiten, die mit der Wirklichkeit wenig zu tun haben. Um den anderen zu imponieren, verwickeln sich manche in die abenteuerlichsten Lügenmärchen und schwindeln vor ihren Freunden das Blaue vom Himmel herunter.

- Fast alle Kinder lügen, wenn es darum geht, Freunde zu decken oder auch gemeinsame Missetaten zu vertuschen: Die meisten würden sich lieber die Zunge abbeißen, als einen Kumpel zu verpetzten – denn das wäre Verrat und viel schlimmer als eine Lüge.

Kinderlügen sind ein Appell an den elterlichen Spürsinn: Findet heraus, warum ich lüge, indem ihr euch mehr mit mir beschäftigt!

• Dass sie Mitschüler mit Hilfe von Lügen manipulieren, für sich gewinnen oder austricksen können, merken Kinder im Schulalter. Und Intrigen sind dabei ein brauchbares Mittel.

Ohne Lügen ist ein Zusammenleben undenkbar

Die herrschende Moral lehrt uns zwar: Nur wer die Wahrheit sagt, ist ein guter Mensch. Aber aus Erfahrung wissen wir: Manche Lügen sind humaner als die nackte Wahrheit

Es ist also sehr wichtig, zwischen den verschiedenen Arten von Lügen zu unterscheiden. Jede Flunkerei, jede List und jede Täuschung hat ihre besondere Vorgeschichte und ein ganz eigenes Ziel. Auch sollte man immer vor Augen zu haben, dass bestimmte Halb- und Unwahrheiten geradezu unerlässlich sind: Kleinere und selbst größere Täuschungsmanöver helfen uns, im Alltag über die Runden zu kommen, und erleichtern das Zusammenleben.

Das soziale Gebilde, in dem wir uns bewegen, würde zusammenbrechen, wenn sich die Menschen immer in aller Ehrlichkeit mitteilten, was sie voneinander halten und was in ihren Köpfen wirklich vor sich geht.

Die Kategorie der Höflichkeits- und Notlügen wird in stillschweigender Übereinkunft allseits geduldet und sogar für gut befunden: Schließlich geschehen sie zum Besten anderer oder schaden zumindest niemandem.

Erlaubt und sogar freudig beklatscht wird auch das Ausschmücken von Geschichten, die sonst stinklangweilig wären: Jeder darf mit witzigen Übertreibungen hantieren und seine Erlebnisse ausmalen, ohne deswegen zum Lügner abgestempelt zu werden.

Die altruistischen, mitfühlenden Lügen sind natürlich geradezu lebensnotwendig, etwa jene, die einem Kranken Trost spenden und ihm Mut machen. Sie sind oft menschenfreundlicher als jede noch so gut gemeinte Wahrheit – absolute Ehrlichkeit kann erfahrungsgemäß kränken und ungemein schwächen.

Nicht zu vergessen, dass es die absolute Wahrheit bekanntlich nicht gibt. Für jeden sieht sie etwas anders aus, ist fast immer subjektiv und persönlich gefärbt. Schon das Wort Wahr-neh-mung beweist, dass jeder die Wahrheit auf seine Art »wahr«-nimmt, denn sie hat die unterschiedlichsten Gesichter, und keiner kann sie ganz für sich in Anspruch nehmen.

Welche Art von Lügen sind bedenklich?

Nun stellt sich natürlich die Frage: Wann ist denn eine Lüge wirklich fragwürdig, wann Besorgnis erregend oder auch so ausgekocht, dass Eltern sich Klarheit beschaffen müssen? Auf jeden Fall, wenn

- sie das Vertrauen in ihr Kind verlieren und misstrauisch werden,
- sie das Gefühl haben, dass hinter den Täuschungsmanövern ihres Kindes ein ernstes Problem steckt, das Kind sich selbst belügt, Schein und Realität häufig nicht auseinander halten kann,
- das Kind Lügenmärchen, Bluff und Angeberei dazu benutzt, sich aufzuwerten, und so um Anerkennung und Zuwendung kämpft,
- die Lügen System haben und planmäßig eingesetzt werden,
- Eltern das ungute Gefühl haben: Hier stimmt etwas nicht, ich möchte mehr wissen.

Die Wahrheit sagen – eine Sache des Vertrauens

Kinder beim Lügen zu ertappen, ist für Eltern ein Graus, weil sie ihr Vertrauen missbraucht und damit die Grundlage ihrer Erziehung infrage gestellt sehen.

Wahrheitsfanatiker sind meist grässliche Menschen: Sie sagen anderen Leuten direkt ins Gesicht, was sie von ihnen halten, und wundern sich, dass sie damit dauernd anecken

Beispiel:

Ein Milchkrug ist in Scherben gegangen. Als Moni von ihrer Mutter gefragt wird: »Warst du das?«, beantwortet das Mädchen die Frage mit einem kräftigen »Nein« und hängt noch ein empörtes »Wieso ich?« dran. Für Monis Mutter ist sonnenklar, ganz eindeutig, dass nur die Sechsjährige für die Scherben verantwortlich sein kann. Sie ist enttäuscht und traurig – nicht wegen der zerbrochenen Vase, sondern weil sie sich in ihrem Vertrauen verletzt sieht.

Lügt ihr Kind, ist das ein Schock für viele Mütter und Väter. Sie fühlen sich verraten und verkauft: »Dass du mich derart hintergehst, enttäuscht mich zutiefst!«

Sobald Eltern die Gründe kennen, die hinter der Lüge stecken, hinter dem Märchen, dem Phantasiegebilde, können sie ihr Kind meist besser verstehen und ihm auch helfen. Ein Kind, das sich verstanden fühlt, kann man auch eher dazu ermutigen, die Wahrheit zu sagen.

Vertrauen ist unabdingbar für das Zusammenleben

Lügen kann dem Schwindler und dem Angeschwindelten schaden

Vertrauen ist der wichtigste Baustein im Fundament, auf dem menschliches Zusammenleben beruht. Und diese Basis nimmt Schaden, wenn Täuschungen, Halbwahrheiten und Unwahrheiten zum festen Bestandteil des Lebens werden. Nicht nur kleinen und großen Schwindlern macht ein Vertrauensbruch zu schaffen, sondern auch den Angelogenen.

Wer häufig mit Halb- und Unwahrheiten jongliert, leidet meist unter einem schlechten Gewissen – ganz klar, dass damit das Vertrauen verspielt wird. Und wer belogen wird, fühlt sich verunsichert, auf wackeligen Beinen, weil ihm die feste Basis genommen wird. Mit jeder gezielten, bewussten Lüge zum eigenen Nutzen wird die Vertrauensbasis verletzt, ohne die ein erfülltes, zufriedenes Zusammenleben nicht denkbar ist. Vertrauen entsteht nur da, wo sich alle fest und sicher darauf verlassen können, dass es die anderen gut mit uns meinen und uns glücklich und zufrieden sehen wollen.

Wenn ein Kind sehr häufig schwindelt und Schutz sucht hinter Halbwahrheiten und trickreichen Lügenmärchen, stellt sich die Frage: Warum wagt das Kind nicht, seinen Eltern einfach die Wahrheit zu sagen?

13

Alle Kinder wissen: Die Eltern lügen auch!

Eltern machen sich oft gar nicht klar, wie viel ihre Kinder mitbekommen, wie aufmerksam sie die kleinen und die großen Alltagslügen der Erwachsenen registrieren. Die elterlichen Flunkereien werden zum Vorbild und für viele zum Ausgangspunkt für spätere Täuschungsmanöver.

Kinder durchschauen ihre Eltern

Wenn Mama zur dicklichen Nachbarin im giftgrünen Minikleid sagt: »Das steht Ihnen aber besonders gut!« und losprustet, sobald die Frau um die Ecke verschwindet, dann weiß die Tochter: Mama hat gelogen.

Oder wenn Papa seinen Freunden vom einmaligen Familienurlaub vorschwärmt, während sich in Wirklichkeit alle kräftig in den Haaren lagen, dann spüren die Kinder: Das stimmt doch alles nicht, Papa schönt die Wahrheit, um die anderen zu beeindrucken.

Es bleibt auch kaum einem Kind verborgen, dass Eltern sich gegenseitig anschwindeln. Etwa, wenn Papa vergessen hat, Mamas Kostüm von der Reinigung zu holen, aber behauptet: »Die hatte leider schon geschlossen«, und seinem Sohn dabei verschwörerisch zuzwinkert. Denn der weiß genau, dass das nicht stimmt, er war nämlich mit seinem Vater in der Eisdiele.

Entscheidend bei der Stärkung von Aufrichtigkeit und Wahrheitsliebe ist zweifelsohne das Vorbild der Eltern

Lügen, um die Kinder zu schonen?

Eltern belügen ihre Kinder bereits von klein auf, und zwar dauernd – meistens natürlich in allerbester Absicht oder eher unbewusst. So versichert Mama, ohne mit der Wimper zu zucken:

»Das Bohren beim Zahnarzt tut überhaupt nicht weh!« Sie verspricht ihrem Kleinkind auch regelmäßig: »Ich bin gleich wieder da«, um es zu beruhigen, und bleibt dann stundenlang weg. Väter hingegen lieben es, sich ihrer großen schulischen Erfolge oder ihrer sportlichen Spitzenleistungen zu rühmen – sie flunkern, um ihre Kinder anzuspornen, aber auch ein bisschen, um ihr eigenes Ansehen aufzupolieren.

Die Sorge um ihr Image treibt etliche Eltern dazu, ihre Schwächen zu vertuschen und ihre Fehler und Irrtümer zu kaschieren – die Achtung ihrer Sprösslinge soll keine unerwünschten Kratzer abbekommen. Doch schlau und scharfsinnig, wie Kinder sind, kommen sie ihren Eltern früher oder später auf die Schliche: »Ihr macht mir ja nur was vor«, heißt es dann oder: »Ihr blufft bloß!«

> Meistens ohne sich darüber Gedanken zu machen, erziehen Eltern ihre Kinder dazu, geschickt zu bluffen, höflich zu lügen, aus Not zu schwindeln

Kinder zu absoluter Ehrlichkeit erziehen?

Genau genommen ist es gar nicht möglich, Kinder zu vollkommener Ehrlichkeit zu erziehen, allein schon, weil sie

- dauernd »Danke« sagen müssen und »Wie schön« – nach jeder Einladung, egal wie langweilig sie war, und für jedes noch so doofe Geschenk, mit dem sie nichts anfangen können;
- der grässlichen Großtante ein Küsschen geben sollen, die aus dem Mund riecht und die keiner leiden kann;
- sehr früh lernen, dass eine Lüge nützt und schützen kann, etwa, wenn Mami sagt: »Das sagen wir deinem Vater lieber nicht«, oder wenn sie für die Schule eine Entschuldigung schreibt, in der sie ihrem Kind eine fiebrige Erkältung andichtet, damit es zu Hause bleiben kann;
- eingebläut bekommen, »brav« zu sein, und spätestens in der Schule lernen, zu »schleimen«, zu schauspielern und sich zu verstellen, anstatt ihre wahren Gefühle, ihre Wut oder ihren Ärger herauszulassen.

Von den flunkernden Erwachsenen bekommen Kinder also beigebracht, zu taktieren und mit der Wahrheit ein wenig zu jonglieren – sie wären dumm, wenn ihnen nichts einfiele als immer nur die pure Wahrheit.

Da stellt sich natürlich die Frage, ob man seine Kinder dazu bewegen kann, trotz allem zu halbwegs ehrlichen Menschen zu werden. Denn natürlich verlangen Eltern: »Lügt uns nicht an!« Zumindest in der Familie sollte man doch ehrlich miteinander umgehen!

Wie soll man einander sonst vertrauen? Nur – wie macht man Kindern verständlich: Selbst wenn jeder mal flunkert und öfter mal schwindelt, ist es trotzdem möglich und wünschenswert, grundsätzlich ehrlich zu sein?

Sich selbst unter die Lupe nehmen

Am besten wäre es, die Eltern fingen zunächst einmal bei sich selber an und versuchten zu klären: Wie gehe ich selbst mit der Wahrheit um? Wann flunkere ich am ehesten, wen lüge ich am häufigsten an und warum? Schwindle ich aus Angst vor Konflikten oder lästigen Auseinandersetzungen? Aus Selbstschutz oder

Erwachsene können meistens gut abschätzen, wann es sich empfiehlt zu lügen und welche Chance sie haben, damit durchzukommen. Kinder können das noch nicht – sie sind erst dabei, es zu lernen!

Die unverblümte Ehrlichkeit unserer Kinder

Darüber freuen wir uns, wenn sie noch ganz klein sind. Dann lachen wir uns schief über die unmöglichen Dinge, die sie von sich geben: »Mein Papi pupst morgens im Bett« oder: »Omi, wann stirbst du denn?« Doch später will keiner mehr etwas wissen vom Kindermund, der Wahrheit kundtut, da heißt es: »Still, so etwas sagt man nicht!«

einfach aus Bequemlichkeit? Vielleicht, weil ich andere nicht verletzen will und ihnen die Wahrheit einfach nicht zumuten kann?

Eltern, die ihre eigenen »Schwindelgewohnheiten« freimütig aufspüren, können erstens ihren Kindern viel ehrlicher erklären, warum sie als Erwachsene in bestimmten Situationen lügen oder die Wahrheit verschweigen. Zweitens verstehen sie auch das Verhalten ihrer Kinder meist besser und können leichter nachvollziehen, was in diesen vorgeht, wenn sie flunkern und ihren Eltern einen mächtigen Bären aufbinden.

Es ist auch schon deswegen sinnvoll, das eigene Verhalten immer wieder auf Herz und Nieren zu überprüfen, weil aufmerksame Beobachter – und Kinder gehören zu jenen Menschen, die besonders genau hinschauen – ein feines Gespür dafür haben, ob sich die Großen anders verhalten, als sie es von den Kleinen fordern.

Damit die Kinder nicht allein gelassen werden mit diesem Widerspruch, müssten Väter und Mütter schon frühzeitig und immer wieder mit ihnen über das zwiespältige Thema Lügen sprechen, von ihren eigenen Lebenserfahrungen erzählen und ihren eigenen Standpunkt erklären, möglichst ohne etwas zu verschleiern.

Wer ehrlich in sich hineinhorcht, erfährt viel über sich und die wahren Beweggründe hinter seinen eingefleischten Flunkereien

Über die eigenen Prinzipien nachdenken

Wenn Eltern in Sachen Lügen an ihre Kinder sehr strenge Maßstäbe anlegen – strengere vermutlich als an sich selber –, wäre es sinnvoll herauszubekommen: Warum reagiere ich so »allergisch«, wenn mein Kind mich anschwindelt oder überhaupt öfter trickst und flunkert?

Habe ich Angst, es könnte zum großen Lügner, womöglich zu einem Schwindler oder gar einem Betrüger werden, wenn es so

DAS WAR ICH NICHT!

Das bekommen
Kinder natür-
lich auch mit:
Lügen scheint
ein Privileg
der Erwachse-
nen zu sein,
also derjeni-
gen, die das
Sagen haben

weitermacht? Stelle ich mir vor, es könnte so enden wie der notorische Hochstapler von nebenan oder wie jene Cousine, die lügt, sobald sie den Mund aufmacht, und der keiner ein Wort glaubt?

Dann sollte man sich unbedingt vor Augen führen: Mein Kind ist ein völlig anderer Mensch mit ganz anderen Eigenschaften als irgendein ausgefuchster Lügner, mit dem es gar nichts zu tun hat.

Natürlich ist es verständlich, wenn Eltern persönliche Ängste auf ihre Kinder übertragen, aber es ist widersinnig und nicht sehr fair. Und eins ist ganz klar:

Ausnahmslos alle Kinder schwindeln, mal mehr und mal weniger. Eltern, die felsenfest behaupten: »Mein Kind lügt nicht«, machen sich etwas vor. Und gerade weil alle Menschen und alle Kinder schwindeln, ist es so wichtig zu unterscheiden: Bewegen sich die Flunkereien im Rahmen des Akzeptablen, des Üblichen, oder lügt das Kind so häufig, so auffallend, dass ein Problem dahinter steckt?

Es ist wenig sinnvoll, das Lügen als isoliertes Phänomen zu behandeln, denn Lüge und Wahrhaftigkeit sind Teil der gesamten Erziehung. Entscheidend dabei ist immer und vor allem das Vorbild der Eltern.

Tipp: Keine Drohungen!

Wer sein Kind zum Lügner abstempelt, wer warnt: »Wenn du so weitermachst, nimmt es ein böses Ende mit dir« oder aus eigener Betroffenheit droht: »Einem Lügner kann ich nicht vertrauen« oder gar: »Wenn du so lügst, kann ich dich nicht lieb haben«, erreicht vor allem eines: Das Kind zieht sich in sich zurück und lügt vermutlich noch raffinierter, um ja nicht erwischt zu werden – wenn es sowieso ein Lügner ist, warum soll es sich um die Wahrheit dann noch bemühen?

Können kleine Kinder bereits gezielt tricksen und täuschen, oder lernen sie das Mogeln erst viel später?

Auch das Lügen will gelernt sein

Zuerst wird das Blaue vom Himmel erfunden, dann kommen die ersten »richtigen« Schwindeleien – kleine Kinder lügen anders als große. Wie zeigt sich diese Entwicklung? Beherrscht ein kleiner Steppke die Kunst der Verstellung schon im zarten Kindergartenalter, oder lernt er das Schwindeln erst später?

20

Wer lügt, muss mit Worten spielen können

Kleine Kinder haben noch ihre Probleme damit, sich auszudrücken. Deshalb klingt oft ziemlich übertrieben und unglaubwürdig, was sie erzählen

Im dritten, vierten Lebensjahr sprudeln die Worte. Nun wird verstärkt sprechen geübt – und wie! Ein Sprachanfänger trainiert zuerst, die Dinge beim Namen zu nennen, dann lernt er, seine Gefühle zu äußern, kleine Schilderungen zum Besten zu geben, und schließlich erzählt er erste Geschichtchen wie etwa: »Der Hund rannte schnell über den Weg!« Können diese ersten Minigeschichten, bestehend aus zwei, drei Sätzlein, schon Lügengeschichten sein, erste bewusste Schwindeleien und Münchhausen-Märchen? Zuerst hat ein Sprachanfänger reichlich damit zu tun, überhaupt ein paar Wörter zusammenzuklauben und aus diesen Wörtern kurze Sätze zu basteln, um annähernd das auszudrücken, was er sagen will. Die Aussage gleichzeitig gezielt verfälschen, das überstiege sein Können. Selbst wenn sie längst munter plaudern können, haben kleine Wesen noch ihre Schwierigkeiten damit, Dinge exakt zu erfassen und präzise zu beschreiben. Wenn manches nicht genau hinhaut beim Erzählen, dann flunkern sie keine Märchen zusammen, sondern üben sich noch in der Kunst der präzisen Redeweise.

Verbote, Gebote – lange Zeit gilt, was die Eltern sagen

Zuerst sind die Eltern einfach die Größten für ihren Sprössling, denn sie haben das Sagen. Gut ist, was Mutter und Vater erfreut, was die beiden mit Lob und Belohnung honorieren, und schlecht ist, was ihnen missfällt, was sie mit Strafen und Verboten belegen. Das ist die Richtschnur, an der sich ein Knirps zuerst orientiert. Weil sich ein kleines Kind an die Werte hält, die ihm die Erwachsenen vorgeben, merkt es sich: Lügen ist böse, weil das die Großen sagen und weil es verboten ist. Kleine Kinder kennen noch keine Schattierungen. Für sie gilt nur gut oder böse, verboten oder erlaubt – schwarz oder weiß. Als Einzelwesen mit Familie im Hintergrund erlebt sich ein Kind in seinen ersten Lebensjahren. Es hat keine Vorstellung von dem großen Ganzen, das sich Gesellschaft nennt, und ahnt nicht, dass es ein Teilchen dieses großen Ganzen ist. Es weiß nicht, wie diese Gesellschaft organisiert ist, wo sein Platz in diesem Gebilde ist und wie es selbst dazu beitragen kann, damit das Zusammenleben funktioniert.

Ein Zwei-, Dreijähriges lebt aber nicht isoliert in seiner eigenen Welt mit Mutter, Vater, Geschwistern, allein geprägt durch die Werte und Regeln, die zu Hause gelten, sondern ist darüber hinaus von Anfang an unterschiedlichen sozialen Einflüssen ausgesetzt, hat frühzeitig Beziehungen zu Menschen, die es zwar nicht täglich erlebt, die aber dennoch in seinen Gefühlen und Gedanken anwesend sind – zum Beispiel zu der Großmutter oder anderen Verwandten, die nur ab und zu zu Besuch kommen, oder sogar zu den Figuren aus seinem Lieblingsbilderbuch.

Kinder werden größer, sammeln unterschiedliche Erfahrungen, ihr Verstand wächst: Auch beim Lügen lernen sie schnell dazu

Alle Kinder lügen

Kinder schwindeln durchschnittlich etwa doppelt so oft wie Erwachsene, haben amerikanische Untersuchungen ergeben. Je älter ein Kind ist, desto eher lügt es. Dass Kinder ab und zu flunkern, ist ganz normal, denn das Lügen liegt uns im Blut, sagen die Psychologen. Sich durchmogeln, tricksen, still schweigen, wo eigentlich die Wahrheit gesagt werden sollte, ist nicht nur Sache von Erziehung und von Umwelteinflüssen, sondern auch unserer Gene. Wir locken und lächeln, tricksen und täuschen tagtäglich mit unschuldigem Augenaufschlag, mal zu unserem eigenen Wohle, mal zum Wohle anderer. Und so zimmern wir uns nach und nach das Weltbild zusammen, das uns genehm ist. Bei diesem großen Theater mischen Kinder mit. Sie verlieren also schon frühzeitig ihre Unschuld.

Phantasie und Wahrnehmung

Mit manchem Dreikäsehoch geht die Phantasie durch. Er spinnt sich sagenhafte Geschichten zusammen, von strengen Erwachsenen mit erhobenem Zeigefinger vorschnell als Flunkerei abgestempelt. Kleine Kinder lügen jedoch nicht. Sie üben ihre Fabulierkunst und erfinden Geschichten, in denen Wirklichkeit und Phantasie noch nahe beieinander liegen und bisweilen auch ineinander übergehen.

Die »magische Phase«

Wenn mit Kindern die Phantasie durchgeht, dann hat das mit Lügen weniger zu tun als mit Ideenreichtum

In der so genannten »magischen Phase« vermengen sich Realität und Phantasie häufig:

- Die Katze aus dem Zeichentrickfilm, die sich im Liegestuhl die Sonne auf dem Bauch scheinen lässt und lange Unterhaltungen mit einem Hofhund führt,
- der Seeräuber aus der Abenteuergeschichte, der seine Flügel ausklappen und davonfliegen kann,
- der Vollmond, der mit den Wolken Verstecken spielt und sprechen kann …

… zählen für ein kleines Kind ebenso zur Realität wie die Zahnbürste im Badezimmer. Alles ist belebt: Bilderbuchmäuse können sprechen, Tassen können Tango tanzen, und Gummibärchen erzählen lange, aufregende Geschichten.

Ein Kind unter sechs Jahren könne das, was sich in seinem Kopf abspielt, und das, was in der Wirklichkeit geschieht, noch nicht unterscheiden, so glaubten Psychologen lange Zeit. Inzwischen wissen es die Wissenschaftler besser: Oft erkennen kleine Kinder durchaus schon, dass da ein Unterschied ist. Und dennoch heben sie hin und wieder ab und »entflutschen« in Traum, Wunsch und Phantasie.

Mit Warumfragen kommen die ersten »richtigen« Lügen

Während der zwei, drei Jahre Kindergartenzeit tut jedes Kind einen Riesenschritt in puncto Selbständigkeit:

- Es stellt die einfachen Regeln und Schwarzweiß-Muster, die sein Leben bislang geordnet haben, zunehmend mit einem Warum infrage: »Warum soll ich aufräumen?«, »Warum soll ich zu Ulli lieb sein?«, »Warum soll ich mir ein Küsschen geben lassen, wenn ich nicht mag?«

Ab etwa drei Jahren stellen Kinder vieles infrage, was vorher selbstverständlich war

- Es kapiert Zusammenhänge und weiß, welchen Part es darin spielt.
- Es erkennt seinen Nutzen, seine Vor- und seine Nachteile.
- Es kann sich Ziele setzen und versucht, diese Ziele anzusteuern und zu erreichen.

Langsam wird sein Denken differenzierter, und seine Fähigkeit, sich zunehmend seine eigenen Gedanken zu machen, wächst. In dieser Phase werden Eltern zu ihrem Entsetzen von den ersten Schwindeleien überrascht. Darin auch ein Zeichen von erwachender Intelligenz und wachsender Reife zu sehen, fällt schwer. Wie viel einfacher waren doch die Zeiten, als für den Winzling noch klipp und klar feststand: »Lügen – das geht nicht!«

Erst im vierten Lebensjahr beginnen die ersten Versuche, Mama und Papa ein bisschen auszutricksen: »Der Waldi hat die Schokolade geklaut!« oder: »Mama, das erzählen wir der Oma aber lieber nicht!«

Diese ersten Schwindeleien sind noch keine raffiniert ausgeklügelten Strategien, sondern in der Regel harmlose kleine Flunkergeschichten – mehr Spiel als Ernst, zumeist nach dem Motto »Mal sehen, was passiert …«.

Ein unschuldiger Augenaufschlag, ein herausforderndes Lächeln – die ersten Flunkereien sind ein Spiel: »Ob die merken, was los ist …?«

Mit der Wahrheit spielen, um die Welt zu begreifen

Bereits im Vorschulalter erkennt ein Kind, dass es das Verhalten anderer beeinflussen kann. Mancher Steppke ist weniger an der Wahrheit interessiert als daran, auszuprobieren, wie weit er mit Lug und Trug kommt, ob das Schwindeln ein brauchbares Mittel zum Zweck sein kann. Schnell lernt er zu flunkern, immer mit dem festen Ziel vor Augen: »So komme ich zu dem, was ich will!«

Lügen – ein Zeichen von Intelligenz

Nach und nach wird ihm zudem klar, dass auch das Umgekehrte gilt: Nicht nur ich beobachte die anderen, ziehe meine Schlüsse daraus und verfolge meine Ziele, sondern die anderen beobachten mich ebenfalls. Meine Mitmenschen haben ein Interesse daran, mich kennen zu lernen, wollen vielleicht mein Verhalten beeinflussen. Die Folge dieser Erkenntnis: Manches Kind schottet sich ab, mag diese Neugier nicht und lernt so, sich zu verstellen: »Manchmal tue ich einfach, als ob … Ich will mir nicht immer von anderen in die Karten gucken lassen!«

Diese beiden Seiten derselben Medaille – »Ich beeinflusse andere« und »Ich werde von anderen beeinflusst« – sind ein aufregendes, neues Lernspiel, das gezieltes Denken fördert, Einfühlungsvermögen schult und soziale Intelligenz übt.

Auch ein Lernprozess für Kinder: Lügen können ein Schutzschild sein, bewahren manchmal vor der Neugier anderer

Der Sozialisationsprozess ist also keine Einbahnstraße, sondern sehr vielschichtig und vor allem immer in Bewegung. Die Werte, die Verhaltensregeln – alles verändert sich laufend, und so eben auch die Einstellung zum Lügen.

Phantasie und Kreativität helfen einem Kind, sich mit seiner Umwelt auseinander zu setzen, verschiedene Verhaltensmodelle auszuprobieren, die Reaktionen seiner Mitmenschen zu überprüfen: Was geschieht etwa, wenn ich es einmal mit der Wahrheit nicht so genau nehme und ein andermal aber grundehrlich bleibe?

Die erste gezielte, bewusste Lüge ist ein wichtiger Entwicklungsschritt, sagen Psychologen. Lügen kleine Kinder, so zeigt das: Sie haben den Unterschied zwischen wahr und unwahr begriffen und damit Intelligenz bewiesen.

Wann entwickelt ein Kind ein natürliches Empfinden für Sinn und Zweck der Regeln, an die wir uns halten? Ein Gespür dafür, was anständig, was unanständig ist? Wer genau beobachtet, weiß, dass Kinder frühzeitig über ein breites Spektrum menschlicher Eigenschaften und Verhaltensweisen verfügen, Eigenschaften wie etwa Klein- oder Großmut, Mitleid oder Verachtung.

Nicht wenige Kinder schummeln gerne, weil sie eine Belohnung ergattern oder einer Bestrafung entgehen wollen

Verschiedene Maßstäbe

Kinder beurteilen Lügen anders als Erwachsene. Aus ihrer Sicht sind Lügen »schlimm«, wenn sie jeder gleich durchschauen kann, aber »nicht so schlimm«, wenn man damit durchkommt.

Eine schlimme Lüge: der Mutter zu berichten, man habe nicht ferngesehen, wenn der Fernseher knallheiß in der Ecke steht.

Keine schlimme Lüge: zu sagen, man wisse nicht, wo der Teddy sei, denn schließlich kann kein Mensch ahnen, dass man ihn versteckt hat.

Kleine Kinder sind große Egoisten

Auch im zarten Vorschulalter sind Kinder also schon fähig, Leid nachzuempfinden, das einem Freund zu schaffen macht, und diesen Schmerz durch Trösten und Streicheln zu lindern, manchmal mit Hilfe einer beschönigenden Alltagslüge.

Beispiele:

- Melanie hat Kirschsaft über ihren weißen Pulli gekleckert. Die fünfjährige Konstanze nimmt sie fest in die Arme und sagt: »Nicht so schlimm!« Schnell dampft Konstanze wieder ab. Ruft noch: »Ich komm gleich wieder!« Doch in Wirklichkeit denkt sie gar nicht daran. Sie will mit Jule spielen, die auf sie wartet.
- Tim ist hingefallen und weint. Julius tröstet ihn: »Heute Nachmittag besuche ich dich!« Gleich anschließend hat er sein Versprechen schon wieder vergessen.

Im Kindergartenalter zeigen die Knirpse im Alltag allerdings noch achtmal häufiger egoistisches Verhalten als soziales, haben wissenschaftliche Studien ergeben

Dieses erste Mitfühlen ist meist nur eine Momentsache – schnell wird anderes wieder wichtiger, denn kleine Kinder sind vor allem mit sich selbst beschäftigt. Sie halten nicht viel davon, andere zu unterstützen, obwohl sie durchaus schon miteinander kooperieren könnten, wenn sie wollten. Aber oft wollen sie einfach nicht. Die eigenen Interessen und Wünsche sind immens wichtig. Und diese Bedürfnisse sollen möglichst umgehend befriedigt werden – manchmal ist da jedes Mittel recht, eben auch das der Lüge.

Kleine Kinder sind jedoch nicht nur und vollkommen egoistisch. Viele zeigen schon frühzeitig einen Sinn für Fairness und damit auch einen Hauch von Achtung vor den Rechten anderer. Einen Kindergartenfreund einfach austricksen? Mancher Zwerg fühlt sich dabei überhaupt nicht wohl.

Kinder sind oft Wahrheitsfanatiker

Viele Fünf-
und Sechs-
jährige gehen
streng mit
ihren Mit-
menschen zu
Gericht und
bestehen auf
absoluter
Wahrhaftigkeit

Mit den frühreifen, cleveren Wahrheitsverdrehern, die sich schon zu Kindergartenzeiten einigermaßen geschickt mit Flunkereien durch den Alltag lavieren, kann mancher Vier-, Fünf-, Sechsjährige einfach nicht mithalten. Er geht offener, ehrlicher auf die Welt zu, ohne sich in ein Labyrinth aus Halb- und Unwahrheiten zu verirren – ganz egal, ob dieser gerade Weg bei seinen Kindergartenkumpanen ankommt oder nicht.

Nicht wenige Kinder reagieren in dieser Entwicklungsphase allergisch auf Übertreibungen und Schwindeleien. Das hat zwei Gründe:

- Noch autoritätsgläubig, halten sie sich strikt an die Regel, die die Großen vorgeben. Und diese Regel heißt: »Ich muss immer die Wahrheit sagen!« Weil sie den Eltern gehorchen, gehen sie meist ganz selbstverständlich davon aus, dass sich alle anderen in ihrem Umfeld ebenfalls an die vorgegebenen Standards halten, also bemüht sind, immer die Wahrheit zu sagen. In jeder falschen Aussage erkennen sie eine Lüge und wollen der Wahrheit dann umgehend ans Licht verhelfen, damit das Bild wieder stimmt.
- Sie fühlen sich für dumm verkauft und wollen sich dagegen wehren: »Das, was erzählt wird, stimmt so nicht. Nur Babys merken nicht, wenn einer flunkert, und ich bin schon lange kein Baby mehr! Ich zähle zu den Großen und merke sofort, wenn etwas nicht stimmt! Und das sage ich auch!«

Weil er stolz wie Oskar darauf ist, nun endlich für voll genommen zu werden, endlich mitdenken und mitreden zu können, pocht solch ein Ehrlichkeitsfan darauf, dass die Wahrheit ans Licht kommt. Er hat seine Freude daran, allen – und vor allem den Erwachsenen – zu zeigen, dass er jetzt den großen Durchblick gewonnen hat und sofort erkennt, was richtig und was falsch ist.

Stimmt das Bild nicht, das seine Mitmenschen von der Wirklichkeit zeichnen, pocht ein besonders wahrheitsliebendes Kind sofort darauf, Erlebnisse ordnungsgemäß darzustellen – bitte genau und richtig. Ganz selbstverständlich geht es von einem Irrtum der Spinner und Übertreiber aus, den es sofort zu berichtigen gilt: »Stimmt doch gar nicht, was du sagst. Das war ganz anders …!«

Lügen – wichtige Übung im sozialen Lernen

Mit der Zeit erkennt jedes Kind: Wer das Lügen grundsätzlich ablehnt, sagt damit schon die Unwahrheit, denn es gibt kein Leben in totaler Ehrlichkeit.
Viele Kinder lernen heute schon zu Grundschulzeiten, dass es in unserer Gesellschaft Vorteile hat, den Durchblick zu haben:

Gut schwindeln – oft ein Zeichen von Cleverness und Kreativität

- Sie wissen bald perfekt, wie das System funktioniert, in dem wir organisiert sind.
- Sie sehen und nutzen ihre Vorteile.

Hilfreich bei diesem Lernprozess ist es, gut im Tricksen und Täuschen zu sein. Die Kunst der Verstellung, das Schummeln und Mogeln gelten heute vielen als Intelligenzmerkmale, so nützlich in unserem Gesellschaftsleben wie Kreativität, Einfühlungsvermögen und Intuition. Je intelligenter ein Kind ist, desto eher begreift es, warum Flunkern manchmal durchaus sinnvoll und von Nutzen ist.

In unserer Gesellschaft gilt Schummeln meist als »Kavaliersdelikt«

Tagtäglich sammelt ein Kind auf diesem Terrain neue Erfahrungen. Weil sich Lebensstrukturen, Beziehungen, in die wir eingebunden sind, laufend verändern, kann es sein soziales Verhalten ständig weiterentwickeln. So wird es zunehmend kompetenter im Umgang mit anderen und übt sich dabei auch in der Gratwanderung zwischen Wahrheit und Unwahrheit. Wenn ein Kind erst einmal entdeckt, wie fein man andere austricksen kann und wie gut das mit Hilfe von Lügen funktioniert, dann lügt es munter – jetzt meistens aus Eigennutz.

Soziale Experimente machen Kinder schlau

Seine Beziehungen und Bindungen im sozialen Gefüge bieten einem Kind jede Menge Stoff zum Experimentieren. Es testet seinen Spielraum, probiert das Leben aus. Es fragt sich: »Was geschieht, wenn ich meiner kleinen Schwester die Puppe klaue?«, »Was passiert, wenn meine Eltern fragen, wer die Schokolade aufgegessen hat, und ich sage: ›Ich war's nicht!‹, obwohl ich's doch war?« Und diese Fragen wollen natürlich beantwortet sein, also probiert das Kind aus, wo seine Grenzen liegen.

Schulkinder entwickeln Verantwortungsbewusstsein

Ab seinem siebten Geburtstag lernt ein Kind nach und nach, sich nicht nur einen Augenblick lang in die Belange eines anderen einzufühlen – wie bisher –, sondern über den Moment hinaus: also nicht nur einen kleinen Ausschnitt des sozialen Lebens, sondern das Gesamte im Auge zu behalten. Mit wachsendem Alter kann ein Kind sich immer besser in andere hineinversetzen:

- Zum einen lernt es jetzt, emotional mitzufühlen – etwa die Freude oder auch Verzweiflung anderer nachzuempfinden.
- Zum anderen versteht es nach und nach, was in seinen Mitmenschen vorgeht. Nun kann es in Gedanken nachvollziehen, was sich abspielt.

Schulkinder reagieren zunehmend sensibler auf die Belange anderer, verhalten sich im Alltag einfach sozialer

Je genauer ein Kind das Leben, das soziale Gebilde durchschaut, in dem wir organisiert sind, je häufiger es unterschiedliche Rollen übernimmt und je perfekter es diese verschiedenen Rollen verkörpert, umso intensiver wirken sich diese neuen sozialen Erfahrungen auch auf seinen Umgang mit anderen aus.
Ein neun- oder zehnjähriges Kind nimmt die Interessen seiner Mitmenschen zunehmend wichtig – vor allem die seiner gleichaltrigen Freunde. Im Alltag heißt das: Das Kind hilft seinen Vertrauten häufiger, teilt eher und ist öfter bemüht, auf die Gefühle anderer Personen Rücksicht zu nehmen. Es verhält sich also zunehmend umsichtiger und einfühlsamer. Die Folge dieser Entwicklung: Im Schulalter zeigen die meisten Kinder häufiger soziales als egoistisches Verhalten, kommen zu der Einsicht, dass ehrlich sein heißt, fair mit anderen umzugehen, ihr Vertrauen zu rechtfertigen, Verantwortung zu übernehmen und rücksichtsvoll zu sein. Jetzt ist ein Kind in seiner sozialen Entwicklung langsam so weit einzusehen: Lügen schaden meistens mehr, als dass sie nützen – unabhängig davon, ob man beim Flunkern erwischt wird, mit Strafe rechnen muss oder nicht.

32

Lügen oder nicht lügen?

Unüberlegt draufloslügen, vielleicht sogar aus Berechnung oder zum Schaden anderer, davon halten die meisten Jugendlichen nichts

Erst nach ihrem zwölften Geburtstag sind Kinder und Jugendliche fähig zu erklären, warum sie eine Lüge für notwendig halten oder nicht. Immer häufiger bekommen Eltern jetzt von ihrem Nachwuchs zu hören, in welcher Weise sie als Vorbild dienen: »Ihr erfindet doch selbst Ausreden, um euch vor lästigen Verabredungen zu drücken!« oder: »Ihr erzählt auch die reinsten Märchengeschichten, wenn es euch in den Kram passt!« Die meisten Kinder sprechen den Erwachsenen jetzt das Recht ab, sich einzumischen: »Ob ich schwindle oder nicht und warum, das ist allein meine Sache!«

Je älter sie werden, umso mehr Wert legen Kinder auf ihre Selbständigkeit. Sie wollen sich möglichst wenig eingrenzen lassen und sich die ewigen Zurechtweisungen und Anleitungen der Erwachsenen vom Hals halten. Natürlich bietet es sich an, den eigenen Spielraum mit Hilfe von Schwindeleien zu erweitern, und mancher nutzt diese Möglichkeit nach Kräften. Blühende Münchhausen-Geschichten werden erfunden, um Pflichten zu umgehen: »Ich kann nicht mit dem Hund Gassi gehen, ich muss für Mathe lernen!« Doch die gewonnene Zeit wird dann mit Comic-Lesen vertrödelt.

Akzeptable und inakzeptable Lügen aus Kindersicht

- Abzulehnen: Lügen aus purem Egoismus, die das Vertrauen anderer verspielen und Schaden anrichten
- Zu akzeptieren: Lügen, die andere schützen. Das heißt aber nicht, dass Kinder damit Lügen zum Alltagsgeschäft erklären. Es steht für sie außer Frage, dass böses Schwindeln und Austricksen Vertrauen zerstören kann.

Immer mehr Geheimnisse

In der Vorpubertät vergrößert sich der Freiheitsdrang. Zu Hause sitzen, das macht keinen Spaß mehr, mit Freunden unterwegs sein umso mehr. Immer häufiger versucht manch Heranwachsender, der sich zu Hause sehr eingegrenzt fühlt, sich der Kontrolle der Erwachsenen zu entziehen. Nur fern von den Eltern glaubt mancher sich selbst finden zu können. Die Lüge ist ein probates Mittel, sich die Erwachsenen vom Hals zu halten.

Es ist also kein Wunder, wenn sich mit Anfang der Pubertät die Heimlichkeiten, die Tricks und wortreichen Täuschungsmanöver zum Schutz der Privatsphäre und zur geschickten Ausweitung von Freiräumen noch häufen. Jugendliche wollen zunehmend über sich selbst bestimmen und testen ihre Grenzen aus. Sie wehren sich gegen die Einmischung der Eltern in ihre Angelegenheiten und haben schnell eine Notlüge, eine schlaue Ausrede parat, um sich lange Erklärungen und lästige Auseinandersetzungen zu ersparen.

Bei aller Moral – mancher Heranwachsende braucht die Lüge als Mittel zum Zweck: Sie ermöglicht ein Stück Freiheit

Durch Lügen das eigene Ich stärken

Alle Kinder schwindeln und flunkern, aber jedes Kind lügt auf seine eigene Art, ein kleines anders als ein großes, ein zufriedenes anders als ein frustriertes, ein sensibles anders als ein robustes.

Was steckt hinter der Lüge?

Wollen Eltern dem Bluffen und Tricksen Ihrer Sprösslinge ein Ende machen, sollten sie vor allem herauszufinden versuchen, warum ihr Kind lügt, und bitte nicht gleich lospoltern, mit Strafen drohen, sondern Fingerspitzengefühl beweisen, gelassen und behutsam gemeinsam eine Lösung des Problems ansteuern. Hierzu finden Sie im Folgenden viele Fallbeispiele.

»Sag doch, wie's wirklich war!«

Die dreijährige Michaela war mit ihrer Mutter beim Kinderarzt zum Impfen. Wieder zu Hause, wird sie von ihrem großen Bruder ruppig mit einem »Hast du wieder geweint, du Heulsuse?« empfangen. Empört wehrt sich Michaela mit einem entschiedenen »Nein«. »Aber du hast doch geweint?«, meint Michaelas Mutter und ermahnt ihre Tochter streng: »Gib doch zu, dass du geweint hast! Du musst doch nicht schwindeln!« Daraufhin bricht Michaela erneut in Tränen aus.

Weil Sprachanfänger noch unperfekt mit Sprache jonglieren, kommt es bei Gesprächen zwischen Klein und Groß leicht zu Missverständnissen

Überlegen, was sich abgespielt hat

Was auf den ersten Blick klar auf der Hand zu liegen scheint – »eindeutig gelogen!« –, sieht auf den zweiten oft anders aus

Was die Mutter als Lüge zu erkennen glaubt und gleich mit »Gib doch zu, dass du geweint hast! Du musst doch nicht schwindeln« abstraft, ist keine Schwindelei, sondern die Unfähigkeit, sich präzise auszudrücken. Mit ihrem entschiedenen Nein will Michaela nicht ihr Weinen leugnen, sondern die Bezeichnung Heulsuse abwehren. Weil sie mit ihren drei Jahren aber nicht in der Lage ist, für alles die richtigen Worte zu finden – aufgeregt, wie sie ist, gelingt es ihr schon gar nicht –, läuft der Versuch, sich zu wehren, gründlich schief und führt zu einem Missverständnis zwischen Mutter und Tochter.

Und warum poltert Michaelas Mutter gleich los? Eltern haben Angst davor, belogen zu werden. Aus dieser Angst heraus entsteht bei vielen eine Art Hab-Acht-Haltung: Wehret den Anfängen, damit die Flunkerei gar nicht erst einreißt. Überbesorgte Mütter und Väter sind mehr als hellhörig. Michaelas Mutter lässt sich durch ihre Sorge leiten und ruft die Tochter voreilig zur Ordnung. Sie hört und sieht gar nicht genau hin.

Die Folge des Missverständnisses: Die Mutter ermahnt, wo es nichts zu ermahnen gibt. Die Tochter spürt die besondere Anspannung ihrer Mutter sofort, kann diese Aufgeregtheit aber nicht einordnen, kann vor allem nicht verstehen, warum sie und nicht der Bruder angeknurrt wird. Die Folge: Die Dreijährige fühlt sich verraten und verkauft – richtig verunsichert – und weint erneut.

Wie löst sich das Dilemma?

Michaelas Mutter müsste erkennen, dass sie ihrer Tochter gar keine Chance lässt, ein weiteres Wort der Erklärung zu sagen, wenn sie sofort übereilt dazwischenfährt, ihr eine Lüge unterstellt und sie mit erhobenem Zeigefinger belehrt: »Du musst doch nicht schwindeln!«

Kinder bitte nicht vorschnell einer Flunkerei verdächtigen und nicht sofort ermahnen, sondern sich zunächst in Zurückhaltung üben:

- genau zuhören,
- sich einfühlen in die Belange, die Denkweise eines Kindes,
- nachfragen, erkunden, was es eigentlich los ist, und dabei immer berücksichtigen, dass sich ein kleines Wesen noch nicht präzise und eindeutig ausdrücken kann.

»Ich habe den Keks nicht genommen!«

Vor dem Essen keine Kekse, heißt die Abmachung zu Hause. Dennoch schleicht Vroni, gerade vier Jahre alt, unauffällig zum Regal und stibitzt heimlich, still und leise ein Plätzchen aus der Keksdose, und das ein paar Minuten vor dem Mittagessen. Prompt wird sie bei dieser Aktion von ihrer Mutter ertappt, die sofort fragt: »Futterst du einen Keks?« Statt zu antworten, schüttelt Vroni energisch den Kopf und setzt ihr schönstes, unschuldigstes Lämmchenlächeln auf, das signalisieren soll: Keks? Ich weiß von gar nichts! Leicht verlegen und eilig will sie sich aus dem Staube machen. »Halt, stopp …« Vroni bleibt stehen. Was sollte die Mutter nun tun? Schimpfen oder ausgiebig mit dem Mädchen reden?

Jüngere Kinder verdrehen die Wahrheit schon mal aus Spaß und Dollerei, ältere dagegen, weil sie Strafen befürchten – vor allem wenn die Eltern vorher gedroht haben: »Wehe, wenn …!«

Was soll diese Lüge?

Erwachsene verlieren leicht aus dem Blick, dass Kleine anders denken und fühlen als Große, mehr aus dem Bauch heraus handeln als nach Plan und Überlegung. Mopst ein Drei-, Vier-, Fünfjähriges Plätzchen, dann ist das vor allem ein spannendes Spiel für den Keksräuber, das heißt: Ich schleiche mich heimlich an und klaue mir einen Keks – einfach so aus Lust und Laune.

Die ersten Lügen sind also keine bewussten, zielgerichteten Täuschungen, kein Austricksen und Übergehen, sondern meist ein instinktives, wahr gemachtes Wunschdenken.

Was tun?

Erklären Sie dem Kind den Sinn von vereinbarten Regeln ruhig und geduldig, und sei es zum zehnten Mal

Nicht über die Heimlichtuerei und sein unschuldiges Lämmchenlächeln mit dem Kind sprechen, aus diesem ersten Flunkern also keine große Geschichte machen, kein langes Gespräch anzetteln und so dem Ganzen zu viel Gewicht beimessen, sonst wird das »Spiel« erst richtig interessant. Am besten: schnell wieder zum Alltag übergehen.

Die Mutter sollte Vroni an das vereinbarte Reglement noch einmal erinnern: »Vor dem Essen keine Kekse, weil sie dir den Appetit auf das Gemüse verderben, das du aber brauchst, um gesund zu bleiben!« Das Weil ist wichtig, denn auch kleine Wesen möchten eine Begründung hören, da ihnen die Regel dann eher einleuchtet und somit leichter zu befolgen ist und weil sie sich ernst genommen fühlen, nicht nur mit Befehlen abgespeist.

»Michel wirft mit Bauklötzen nach mir!«

Auf dem Weg vom Kindergarten nach Hause heult die vierjährige Susanne plötzlich los: »Der Michel wirft immer mit Bauklötzen nach mir!« »Immer? Und warum macht er das?«, will Susannes Mutter wissen. Die Antwort ihrer Tochter: »Weiß nicht!« »Hast du dich mit ihm gestritten?« Susanne verneint mit heftigem Kopfschütteln.

Am folgenden Tag geht Susannes Mutter der Geschichte im Kindergarten nach und erfährt von der verdutzten Kindergärtnerin, dass Michel bestimmt kein Raufbold, sondern ein zartes Pflänzchen von Junge ist, zwar mal mit Susanne um Spielzeug gestritten, aber ihr sicherlich kein Härchen gekrümmt hat. Warum dann das ganze Theater?, fragt sich Susannes Mutter.

Warum diese Lügengeschichte?

Das Märchen vom »bösen« Michel, das Susanne zum Besten gibt, sollte niemanden beunruhigen, solche Phantasien sind ganz normal bei Kindern diesen Alters. Susanne macht beim Erzählen ein Mischmasch aus dem, was sich in ihrem Kopf abspielt, und dem, was sie wirklich erlebt hat. Bis ins Vorschulalter sind Wirklichkeit und Phantasie oft austauschbar. Es dauert, bis ein Kind lernt, beides klar und deutlich auseinander zu halten. Um diese Aufgabe zu bewältigen, wird es noch unendlich

Vermischen sich beim Erzählen Phantasie und Wirklichkeit, entsteht bei Erwachsenen manchmal der Eindruck, das Kind lüge munter drauflos – einfach so, ohne rot zu werden. Phantasieren ist aber nicht lügen

viele Warumfragen stellen müssen. Mit jeder Antwort, die es erhält, wird sich das innere Durcheinander ordnen. So lernt das Kind langsam zu trennen: hier Phantasie, da Wirklichkeit. Bis zum Schulanfang zieht sich dieser Entwicklungsprozess hin. Trotzdem ist die Michel-Geschichte ernst zu nehmen. Wer lügt, will damit oft signalisieren: »Ich habe ein Problem.« Kleine Kinder drücken ihre Gefühle gern auf Umwegen aus. Vielleicht sitzt Susanne der Streit mit Michel, so harmlos er aus Sicht der Kindergärtnerin auch gewesen sein mag, eben doch in den Knochen, und sie fürchtet sich vor dem nächsten Zank, den sie in ihrer Vorstellung schon vorweggenommen hat. »Michel wirft immer mit Bauklötzen nach mir« ist kein Anschwärzen, sondern eine Möglichkeit für Susanne, sich ihre Sorge von der Seele zu reden.

Flunkert ein Kind, so ist das meistens ein Hilferuf: »Ich habe ein Problem!«

Was tun?

Nicht über den Bauklotz-Überfall sollte Susannes Mutter mit ihrer Tochter reden, sondern über ihren Kindergartenalltag: »Mit wem spielst du am liebsten? Was spielt ihr? Was gefällt dir,

Phantasien ersetzen Vergessenes

Kleine Kinder haben nur ein begrenztes Erinnerungsvermögen. Weil sie häufig nicht mehr wissen, was bei einem zurückliegenden Ereignis eigentlich im Detail genau geschah, erfinden sie das, was in ihrer Erinnerung fehlt, manchmal einfach dazu – ohne zu merken, dass hier ihre Phantasie mit ihnen durchgeht. Sie glauben schließlich selbst an ihre erfundenen Geschichten.

was nicht?« Sicherlich lässt sich die Rede auch auf Michel bringen: »Soll er dich nachmittags mal besuchen?« Das Mädchen aber bitte nicht mit einem Stakkato aus Fragen nerven, sondern behutsam vorgehen. Susannes Mutter könnte von ihrer eigenen Kindergarten- oder Schulzeit berichten, von den »Michels«, von den Freunden aus damaligen Zeiten und den entsprechenden Freuden und Ärgernissen.

»Mir hat ein brauner Bär ein Eis geschenkt!«

Beim Mittagessen erzählt die vierjährige Line eine unglaubliche Geschichte: Heute Morgen sei ein brauner Bär in den Kindergarten gekommen: »Ein riesiger Bär mit zotteligem Fell. Der Bär hatte eine Kühltasche. Lauter Eis hat er aus der Tasche geholt und an uns verteilt!« Lines Mutter kann über diese Bärengeschichte nicht lachen: »Hör auf, mir Märchen vorzusetzen!« Sie macht sich Sorgen: Dauernd diese Spinnereien, Geschichten von sprechenden Tieren, lebendigen Monstern mitten unter uns und Hexen, die zu Besuch kommen. Wie hole ich meine Tochter auf den Boden der Tatsachen zurück?

Bis zum Schulalter leben Kinder in ihrer eigenen Welt zusammen mit fröhlichen Hexen, guten Feen und sprechenden Teddys. Alles ist lebendig – vom Gummistiefel bis zum Regenschirm

Warum werden für kleine Kinder Märchen wahr?

Die Märchengeschichten, die Vier- und Fünfjährige auftischen, sind keine bewusst und gezielt angelegten Täuschungsmanöver, sondern liebenswerte Spinnereien. In den ersten vier, fünf Jahren leben Kinder in einer magischen Welt. In der kindlichen Erlebniswelt sind manchmal auch Gegenstände lebendig und Märchenfiguren mitten unter uns. Sprechende Hasen und tan-

Was sie den-
ken, fühlen
und träumen,
ist für kleine
Kinder oft
Wirklichkeit

zende Tassen können für Kinder so real sein wie das Auto vor der Tür und der Kuchen im Backofen.

Phantasieren Kinder das Blaue vom Himmel zusammen, dann versuchen sie ihr Dasein, die ganze Welt spielerisch zu durchdringen. Beim Erfinden von Geschichten flechten sie ihre Träume ein, ihre Gefühle und Sehnsüchte. Jeder, der sie mit öden Zurechtweisungen wie »Hör auf, mir Märchen vorzusetzen!« aus diesem Traumgarten vertreiben will, ist ein Spielverderber.

Das Märchen von Osterhase und Weihnachtsmann

Nicht nur Kinder sind Meister im Märchenerzählen, sondern auch Eltern. Im Frühling ist vom Osterhase die Rede, der die Eier versteckt, im Winter rücken Nikolaus und Weihnachtsmann an. In Wirklichkeit stimmt nichts davon, und das ahnen Kinder mit der Zeit. Soll man trotzdem bei den Geschichten bleiben? Ja, denn Kinder haben ein Faible für alles, was nach heimlich-still-und-leise klingt. Die Freude an Osterhase, Nikolaus, Weihnachtsmann und Co ist so groß, dass niemand sie ihnen verderben sollte.

Eltern stiften allerdings Verwirrung, wenn sie die Osterhasen-Weihnachtsmann-Geschichten unbeirrt weiter und weiter sehr nachdrücklich als Wahrheit verkaufen, obwohl ihr Kind längst ahnt, dass diese Gestalten nicht zum Anfassen, nicht echt sind. Mit **übertriebenem Beharrungsvermögen** bringen die Großen das wieder durcheinander, was sich im Kopf der Kleinen gerade zu ordnen beginnt: hier Wirklichkeit, da Phantasie – also zwei getrennte Welten.

Natürlich sind Kinder manchmal ein bisschen enttäuscht, wenn sie entdecken, dass Osterhase und Weihnachtsmann nur **Phantasiegestalten** sind. Die wenigsten Jungen und Mädchen fühlen sich in diesem Moment aber ausgetrickst. Ihr Vertrauen in die Zuverlässigkeit der Eltern wird nicht erschüttert, denn sie wissen genau: Märchen müssen nie wahr sein.

43

Wenn Line ihrer Mutter erzählt, im Kindergarten sei ihr ein wahrhaftiger, Eis verschenkender Bär über den Weg gelaufen, dann nicht, um ihr einen Bären aufzubinden, sondern weil sie die Geschichte genau so und nicht anders erlebt hat. Seitdem Line das Bilderbuch mit der Braunbärengeschichte kennt, laufen ihr übrigens häufiger Bären über den Weg …

In der »magischen« Phase haben Kinder ihre Freude daran, sich ihre Freunde und die Erlebnisse mit ihnen selbst zu erfinden

Was tun?

Auf Lines phantasievolle, wundersame Bärengeschichten sollte die Mutter am besten so reagieren: aufmerksam zuhören, den Redefluss bitte nicht mit Besserwisserei unterbrechen nach dem Motto »Kann doch gar nicht sein, was du da verzapfst!« und auch nicht lachen über die Geschichte, denn das nimmt jeder kleine Erzähler übel. Keiner lässt sich gerne zum Spott anderer machen. Vielleicht kann sie vorsichtig durchblicken lassen, dass die Story von dem Eis verschenkenden Bären eine gute »Geschichte« ist – eben ein Märchen, aber nicht die Realität.

»Nicht in mein Zimmer kommen, ich mache Hausaufgaben!«

Manchmal können sich Kinder den Raum, den sie brauchen, um sich zu entfalten, nur mit einer Lüge verschaffen. So halten sie sich übereifrige Erwachsene vom Hals

An der Tür hängt ein Stoppschild. Der achtjährige Oliver macht Hausaufgaben, hat er jedenfalls vorhin verkündigt. Olivers Mutter klopft an die Tür, platzt dann gleich ins Zimmer, weil sie ihrem Sohn das Telefon bringen will: »Dein Freund Jan!« Während Oliver den Hörer nimmt, schaut sie sich um. Nach Hausaufgaben sieht es hier nicht aus. Auf dem Schreibtisch liegen nur Angelkataloge. Auf dem Boden sind Comic-Hefte verstreut. Nach dem Telefonat schimpft die Mutter mit Oliver: »Dass du Hausaufgaben machst, ist erstunken und erlogen! Warum schwindelst du? Gib doch zu, dass du wieder keine Lust hast, dich an den Schreibtisch zu hocken!« Oliver sagt keinen Pieps, sondern brütet mit düsterer Miene vor sich hin. »Warum schaust du so muffelig?«, fragt seine Mutter. »Hast du mir nichts zu sagen?« Je intensiver sie sich bemüht, Oliver zum Sprechen zu bringen, desto versteinerter und abweisender ist die Miene des Jungen.

Warum Stoppschild und Lüge?

Alle Jungen und Mädchen brauchen ihre Reservate – Spielräume, Freiräume und zum Schutz sicherheitshalber eine Lüge und ein Schild davor: »Betreten verboten! Bitte nicht stören!« Woher kommt diese besondere Sehnsucht nach privater Sphäre?
Kinder werden dauernd von Erwachsenen beäugt – wohlwollend bis kritisch. Immer gibt es etwas zu erkunden, zu bewerten, zu kritisieren an dem Nachwuchs. Mütter und Väter fragen viel zu oft: »Was machst du gerade? Mit wem willst du dich treffen? Was hast du danach vor? Warum erzählst du uns nichts? Warum muss man dir jedes Wort wie einen Wurm aus der Nase ziehen!«
Kein Wunder, dass mancher Dreikäsehoch die Nase voll hat von der Rund-um-die-Uhr-Betreuung und ausbüxt – und hinter die Kinderzimmertür mit Riesenstoppschild daran verschwindet.
Kinder wollen keine gläsernen Wesen sein, die von den Großen von A bis Z, von früh bis spät kontrolliert werden, sondern pochen darauf, dass ihre Intimsphäre geachtet wird – keiner hat das Recht, alles und jedes von ihnen wissen zu wollen; Mutter und Vater haben dieses Recht auch nicht.
Eltern, die dauernd auf der Lauer liegen, ihrem Kind nachspionieren und es überfürsorglich betütern, rennen wie Olivers Mutter bald gegen verschlossene Türen. Sie überfordern ihren Nachwuchs, wenn sie zu viel Offenheit von ihm erwarten. Denn je älter Kinder werden, desto mehr Intimsphäre brauchen sie. Sie schotten sich ab, um Zeit für sich selbst zu gewinnen, wollen ohne Mamis und Papis Dauerratschläge den eigenen Weg suchen – das ist normal und kein Grund, sich zu sorgen.
Weil sie ihrem Filius dauernd mit dem blöden Schulthema im Nacken sitzt – »Hast du Vokabeln gelernt? Schreibt ihr nicht übermorgen eine Mathearbeit?« –, hat Oliver schon gar keine Lust mehr auf das leidige Hausaufgabenmachen: »Viel zu öde!«, und die Ermahnungen seiner Mutter in Schuldingen kann er nicht

Um solchen Lügen vorzubeugen: Lassen Sie Ihren Kindern Freiräume!

mehr hören, dieses ewige »Hast du schon … Machst du auch …« ist ihm einfach zu viel. Deshalb braucht Oliver das Stoppschild und die Lüge als Barrikade. Er will einfach mal seine Ruhe haben.

Was tun?

Kinder müssen auch mal einfach machen dürfen, wonach ihnen gerade ist

Bitte nicht Detektiv spielen, dem Filius auf der Spur bleiben oder ihm gar eine Falle stellen, in die er hineintappen kann. Auf Überwachung reagieren Kinder allergisch. Je mehr Freiraum

Kinder brauchen Geheimnisse

Die Kisten und Schubläden auf dem Schreibtisch sind für Eltern tabu. Und die Schachteln unterm Bett erst recht. Überall prangen Zettel mit selbst gemalten Verbotsschildern. Wehe, wenn einer auf die Idee käme, diese **Geheimverstecke** zu durchforsten! Dann wäre ein Höllenspektakel fällig. Besonders gerne haben Kinder Geheimnisse vor Erwachsenen. Sie zu hüten heißt: In meinen Geheimdingen habe ich das alleinige Bestimmungsrecht, niemand kann mir hier hineinpfuschen, und damit bin ich auf dem Weg zu mehr Unabhängigkeit und Selbständigkeit.

Jungen und Mädchen brauchen Geheimnisse aber nicht nur als Marksteine auf dem Weg zu mehr Selbständigkeit, sondern auch als Dekoration, als Spannungselement für den Alltag, denn Geheimnisse sind wie Sahnehäubchen: süß und belebend. Um den **geheimen Zauber** zu wahren, werden ganze Lügengebäude wie Schutzmauern aufgetürmt – ein spannendes Versteckspiel.

Besonders begeistert lassen sich Kinder auf dieses Spiel ein und schwindeln, was das Zeug hält, wenn es darum geht, anderen **Überraschungen** zu bereiten. Vor allem zu Weihnachten und an Geburtstagen wird die Geheimniskrämerei intensiv gepflegt. Dabei ist (fast) alles erlaubt, auch das Lügen wird hier als bereichernd empfunden.

Kein Wunder, dass manches Kind in diesem spannenden Spiel nicht das Besondere, die Ausnahme vom Alltag sehen will, sondern versucht, den aufregenden Kitzel möglichst häufig zu erleben, und deshalb ein richtiges Faible für **Geheimaktionen** entwickelt: Statt die Freundin zu besuchen, wie zu Hause angekündigt, schleicht man sich heimlich ins Kino. Und statt mit dem Freund Vokabeln zu lernen, wie versprochen, wird mit ihm heimlich die erste Zigarette gepafft. Natürlich werden Freunde in die Geheimnisse eingeweiht, denn nicht nur das Geheime, das Versteckte macht den besonderen Reiz an der Sache aus, sondern auch die Verschwörungen, Heimlichtuereien.

Kinder lieben gerne Heimlichkeiten, die sie mit ihren Freunden teilen

Eltern ihren Söhnen und Töchtern lassen, desto eher entsteht Nähe, desto mehr erfahren sie von ihren Sprösslingen, denn dann fühlen sich Kinder nicht gegängelt und unter Druck gesetzt. Damit wächst die Wahrscheinlichkeit, dass sie irgendwann – Geduld ist hier angesagt – aus eigenem Antrieb auf ihre Eltern zukommen, sich ihnen öffnen und mitteilen. Desto größer ist dann auch die Wahrscheinlichkeit, dass sie die Verantwortung für ihr Tun und Lassen schließlich selbst übernehmen und eventuell sogar die leidigen Hausaufgaben anpacken. Vielleicht kapieren sie auf diese Weise sogar: Ich tue das für mich und nicht für die Erwachsenen.

»Die Probe fällt heute aus!«

Kinder und Jugendliche brauchen Zeit, um selbst dahinter zu kommen, dass sie auf dem Holzweg sind, und eine Kehrtwendung zu machen. Erwachsene können sie dabei nur unterstützen

Heute beeilt sich Fee ausnahmsweise mit ihren Hausaufgaben, denn nachher ist Probe. Fürs Schulfest soll ein Tanz einstudiert werden. Das Tanzen würde noch besser klappen, wenn dieser langweilige, hölzerne Tobi nicht mitmachen würde. Den dabei zu haben, ist wahrlich eine Strafe. Plötzlich rennt Fee zum Telefon und ruft Tobi an: »Du musst nicht kommen, die Probe fällt heute aus!« Kein Wort davon ist wahr. Aber Fee ist hoch zufrieden: Den Tobi hat sie erst einmal ausgebootet.

Stimmt: Später bei der Probe fehlt der Junge. Aber am nächsten Tag bekommt Tobi Ärger mit der Lehrerin: »Wieso hast du einfach unentschuldigt gefehlt?« Tobi wehrt sich, und Fees Intrige fliegt auf. Die Lehrerin ruft Fees Mutter an. Diese ist entsetzt: »Ein starkes Stück, das du dir da geleistet hast!«

Fees Mutter ist ratlos. In ihrer Hilflosigkeit verordnet sie der Tochter Hausarrest: »Damit du viel Zeit zum Nachdenken hast! Versuche dir vorzustellen, wie sich Tobi gefühlt hat. Du hast ihn auf ganz üble Weise ausgetrickst!« Fee zieht sich beleidigt in ihr Zimmer zurück.

Warum intrigiert ein Kind?

Wer nach Einfluss strebt, lügt mitunter, um seine Macht zu festigen, um seine Überlegenheit zu demonstrieren und andere zu beherrschen. Auch Kinder mischen beim Intrigieren schon mit, wollen nicht selten, dass die Könner, die Macher unter sich bleiben und die »Loser«, die weniger Cleveren aus den ersten Reihen gewiesen werden. Je größer der Wunsch, andere auszugrenzen oder nach der eigenen Pfeife tanzen zu lassen, ist, desto raffinierter wird oft das Lügengespinst, um die Freunde an der Kandarre zu halten oder ungeliebte Kameraden loszuwerden. Fee ist es im Moment völlig egal, ob und wann ihr Lügengebäude in sich zusammenkrachen wird und welche Folgen das haben kann. Wichtig ist ihr nur, ans Ziel ihrer Wünsche zu gelangen und den lästigen Tobi in die Wüste zu schicken.

Kinder sind mitunter einfach nicht bereit, sich mit anderen zu arrangieren, zu einigen. Sie wollen manipulieren – Macht ausüben über andere

Was tun?

Fees Mutter sollte ihren Standpunkte deutlich machen und dabei die Dinge möglichst sachlich beim Namen nennen: »Du magst ja deine Gründe gehabt haben, den Jungen anzulügen und so von eurer Probe auszuschließen. Mit gefällt es nicht, einen Mitschüler auf so gemeine Weise mit Hilfe einer dicken Lüge aus eurer Gemeinschaft auszugrenzen!« Fee unter Druck setzen: »Versprich, dass du das nie wieder machst!«, mit ihr schimpfen, sie bestrafen – das alles nützt wenig. Bitte nicht noch einmal nachhaken und ein Geständnis erzwingen wollen. Verhöre bringen einen Schwindler erst recht dazu, die Unwahrheit zu sagen, und verstärken eher die Gefahr, dass er sich in eine Trotzhaltung zurückzieht: »Jetzt erst recht!«
Reagieren Eltern dagegen diplomatisch, gelassen und verständnisvoll, so gelingt es ihnen, mit ihrem Sprössling im Gespräch zu

Mobbing unter Kindern

Richtig deftig lügen, jemanden bewusst und gezielt hinters Licht führen – nach Ansicht mancher Psychologen sind Kinder erst nach dem zehnten Geburtstag dazu fähig. Doch manchmal beherrschen sogar schon Sechs-, Siebenjährige die Kunst der Intrige. Mit mehr oder weniger schlechtem Gewissen wird dann an Tricks gefeilt, die andere matt setzen sollen. Kindergärtnerinnen beklagen, dass sich inzwischen sogar schon Fünfjährige im Mobbing üben.

Hinter manchen Lügen und scheinbar zufälligen Flunkereien verbirgt sich ein ungelöster Konflikt – ein Problem, das unterschwellig gärt und schwelt

bleiben. Wichtig ist jetzt, dass Fees Eltern häufiger mehr beiläufig als belehrend mit dem Mädchen über die Spielregeln reden, die sein müssen, damit unser Zusammenleben befriedigend für alle – für die Starken und für die Schwachen – funktioniert. Wenn sie von ihren eigenen Erfahrungen berichten, hört Fee sicherlich interessiert zu.

»Das Geld gehört mir!«

Maxi, zwölf Jahre alt, hat zwei Wochen bei seinem Freund in Italien verbracht. Die Eltern seines Freundes haben ihn in ihr Ferienhaus eingeladen. Von seiner Reise zurückgekehrt, teilt Maxi seiner Mutter mit: »Ich habe all das italienische Geld, das du mir mitgegeben hast, ausgegeben.« Die Mutter nickt, denkt sich nichts dabei, sie hat nichts anderes erwartet. Doch am nächsten Tag fragt Maxi sie: »Ich kann doch auf der Bank Geld wechseln, oder?« »Sicher«, meint seine Mutter, noch immer arglos. Doch plötzlich macht es Klick in ihrem Kopf – ganz klar, Maxi hat sie angelogen. Tatsächlich hat er fast noch das gesamte Feriengeld.

Die Mutter ist erst einmal fassungslos und auch ziemlich durcheinander. Fassungslos ist sie, weil ihr Sohn so planmäßig und auch so listig gelogen hat. Und durcheinander ist sie, weil sie sein Verhalten einfach nicht versteht: Warum hat er nicht frei heraus gesagt: »Ich habe noch Geld aus den Ferien übrig, darf ich es bitte behalten?« Und warum lügt er erst und verrät sich quasi auf Umwegen dann selber?

Was fällt dem Kind ein?

Maxis Absicht ist offensichtlich: Er will das Geld nicht wieder abgeben. Doch dann rührt sich doch sein schlechtes Gewissen, denn er versteht sich gut mit seiner Mutter, es ist ihm nicht wohl bei dem Gedanken, sie auszutricksen. Schon dass er das Geld

Häufig verraten sich Kinder mitten in einem Lügenmärchen selbst – es ist, als ob sie das schlechte Gewissen austricksen und ihnen ein Schnippchen schlagen würde

überhaupt erwähnt und nicht wortlos einbehalten und gewechselt hat, zeigt: Sein Vorhaben ist ihm nicht ganz geheuer, er möchte auch die Reaktion der Mutter testen. Ihre Arglosigkeit beruhigt ihn nicht, denn er ist keineswegs ein cleverer, unverfrorener Lügner, innerlich schämt er sich – aber nach der ersten Lüge kann er nicht mehr zurück. Unbewusst stellt er sich selbst eine Falle, weil er selber sein Täuschungsmanöver einfach nicht aushält.

Was tun?

Oft fühlen sich Kinder entlastet, wenn sie beim Flunkern ertappt werden – endlich können sie viele Dinge klären

Die Mutter sagt ihrem Sohn am besten auf den Kopf zu, was sich in ihm abgespielt hat: »Du wolltest das Geld unbedingt behalten, aber irgendwie war dir dein Schachzug dann doch nicht ganz geheuer, stimmt's?« Maxi: »Ja, ich möchte mir unbedingt die eine CD kaufen und die Turnschuhe, die ich schon so lange toll finde, auch.« Mutter: »Und warum hast du mich nicht einfach gefragt, ob du das restliche Geld behalten darfst? Wir hätten doch darüber sprechen können! Wir bereden doch sonst auch immer alles!« Maxi: »Ja, aber über Geld kann man mit dir nie reden! Du jammerst doch immer, dass ich ständig Geld von dir haben will – du hättest das italienische Geld bestimmt zurückverlangt.«

Die Mutter packt die Chance beim Schopf, um mit ihrem Sohn ein intensives Gespräch über das Thema Geld zu führen, denn das ist ja der Auslöser für seinen Schwindel. Sie redet mit ihm über seine Wünsche und Konsumbedürfnisse, aber ohne Ermahnungen und erhobenen Zeigefinger – sonst erfährt sie nie, was in ihm vorgeht und welchen Stellenwert Geld und Konsum für ihn haben.

Anschließend können sie dann entspannt miteinander über den Wert von gegenseitigem Vertrauen reden, wie verraten man sich fühlt, wenn man gezielt und absichtlich getäuscht wird. Ihr Sohn hat diese Erfahrung sicher auch schon gemacht und kennt diese Gefühle. Er ist außerdem richtig erleichtert, dass er sein schlechtes Gewissen los ist.

Eine mögliche Abmachung sähe so aus: Die Mutter vereinbart mit Maxi, dass er einen Teil des besagten Geldes behält, den Rest zurückgibt und sich durch Jobs im Haus vielleicht etwas dazuverdient. Die Familie kann auch darüber nachdenken, ob das Taschengeld des Sohnes ausreicht und vielleicht erhöht werden sollte – je nachdem, was seine Freunde bekommen und was er von seinem eigenen Geld bezahlt.

»Übertreibe doch nicht so schrecklich!«

Roberta schwärmt in den höchsten Tönen und buntesten Farben vom vergangenen Sonntag und erzählt blumig, dass sie mit ihrer Cousine Emmi ein wahnsinnig nettes Mädchen besucht habe, das mit seinem Vater in einem irrsinnig schicken Loft mitten in der Stadt wohne … Richtig hollywoodreif ist die ganze Geschichte. Alles an diesem Sonntag scheint sagenhaft und einfach umwerfend gewesen zu sein. Roberta lebt im Augenblick. Ohne lange zu überlegen, redet sie drauflos. Was ihr Dramatisieren, ihr Schauspielern nach sich ziehen könnte, darüber denkt sie nicht nach. Robertas Freundinnen spielen dankbares Publikum und hören zu, weil Roberta wirklich gut erzählen kann. Klingt immer großartig und nach Kino, was sie zu berichten hat, oft witzig, höchst amüsant. Roberta ist ein Clown in ihren Augen – ein Kasperl, das seine Späße treibt.

Wenn Kinder mit der Ehrlichkeit spielen dürfen, verstehen sie die Welt besser. Die Forderung, ein wahrhaftiges Leben ohne Übertreibung und Selbsttäuschung zu führen, zeugt von wenig Menschenkenntnis und -liebe

Alles bloß Angeberei?

Sprachkünstler, besonders phantasiereiche Gemüter langweilen sich schnell. Immer bei den Fakten bleiben – wie öde! Viel span-

Das beste
Werkzeug einer
Lüge ist die
Sprache.
Sprachbegabte
hantieren be-
sonders ge-
schickt damit

DAS WAR ICH NICHT!

nender ist es doch, die Wirklichkeit zu frisieren, zu verschnörkeln. Beim Erzählen hier ein bisschen und da ein bisschen übertreiben und die Dinge des Lebens so ins rechte Licht rücken –
alles zusammen ein Zeichen von Intelligenz und Kreativität,
denn Übertreiber wie Roberta setzen sich kreativ mit ihrer Umwelt auseinander, malen mit Worten wunderbare Gemälde, ent-
werfen neue Szenerien.

Durch Bravsein, stille Zurückhaltung und Treuherzigkeit
erringt man die Aufmerksamkeit seiner Umgebung in den sel-
tensten Fällen. Wer Wind macht, hat schon mehr Chancen, Bei-
fall zu bekommen, glaubt Roberta. Sie hat schnell kapiert, dass
alle besonders interessiert an ihr sind, wenn sie vor Tempera-
ment und Fröhlichkeit sprüht, Witziges oder Interessantes zu
berichten weiß. Also versucht sie, den Erwartungen gerecht zu
werden.

Die Kehrseite der Medaille: Wer chronisch übertreibt, macht
das oft nicht nur aus Spaß an der Sache, sondern mitunter aus
Mangel an Selbstwertgefühl. Viele Kinder fühlen sich so, wie sie
sind, nicht tüchtig, attraktiv genug und versuchen sich aufzuwerten, indem sie jedes Erlebnis ein wenig zum Guten korrigieren: damit das Ganze besser wirkt.

Tipp: Kleine Phantasten nicht unter Druck setzen!

- Kommen ihnen die übertriebenen, zurechtgebogenen, deshalb oft wider-
sprüchlichen Geschichten spanisch vor, die Mütter und Väter von ihren
Sprösslingen zu hören bekommen, dann haken sie gerne nach – manchmal unerbittlich wie der Kommissar beim Verhör im Krimi.
- Die Folge: Insistieren die Großen, fühlen sich Kinder schnell unter Druck
gesetzt, verrennen sich dann weiter in ihre Geschichten, bis sie schließlich selbst nicht mehr genau wissen, was eigentlich Realität ist und was
Dazugesponnenes.

Was tun?

Vielleicht sollten die Freunde Roberta vor Augen führen, dass dauerndes und übermäßiges Übertreiben ihre Zuhörer auf Dauer langweilt. »Alles schon mal da gewesen, kennen wir bereits«, wird es dann wahrscheinlich heißen; und dass die sprühende Lebhaftigkeit sich mit der Zeit verbraucht, vor allem wenn sie nicht stimmt, wenn sie nur noch großes Theater ist. Irgendwann könnte der Reiz dahin sein, wird vielleicht keiner mehr begeistert zuhören, weil die Töne oft so falsch klingen; und dass sie Gefahr läuft, zur Ulknudel abgestempelt zu werden: »Wir nehmen dich dann nicht mehr richtig ernst!«

Manchmal schimpfen die Eltern mit Roberta, weil ihnen das ewige Großtun und Übertreiben auf die Nerven geht. Mit ihrem Schimpfen fördern sie jedoch nicht gerade das Selbstwertgefühl ihrer Tochter, die das Ermahnen als Kränkung empfindet. Mehr Erfolg haben sie,

- wenn sie Roberta ihre Empfindungen mitteilen: »Wenn du deine Erlebnisse nicht einfacher und ehrlicher darstellst, sondern immer ausschmückst, dann können wir uns nicht einfühlen, weil wir nicht wissen, was wir glauben oder was wir nicht glauben können!« Es ist viel erreicht, wenn Roberta merkt, dass ihre Tricks durchschaut werden und dass sie nicht mehr ernst genommen wird, wenn sie ihre Geschichten übermäßig ausschmückt;

- wenn sie Roberta zeigen, wie gerne sie sie haben – so wie sie ist;

- wenn sie den Erlebnishunger ihrer Tochter stillen, ihr echte Erlebnisse beschaffen, die sie beglücken;

- wenn sie gemeinsam mit ihr nach Möglichkeiten suchen, wie Roberta ihre Freude am Ausschmücken und Phantasieren ausleben kann. Beim Tagebuch- und Geschichtenschreiben vielleicht?

Wer ein Meister in der Übertreibung ist, verliert auf Dauer seine Attraktivität, weil er für andere unglaubwürdig wird

Ein gutes Leben herbeilügen?

Wir alle kennen den Stoff, aus dem die Märchengeschichten gewoben sind, die wir als wahre Geschichten weitererzählen. Damit lenken wir uns vom stressigen Alltagsbetrieb ab und korrigieren so die für uns vielleicht unbefriedigende Wirklichkeit.

Fast jeder wünscht sich manchmal andere Facetten im Dasein als die, die er gerade erlebt. Das Übertreiben, das Geschichtenerzählen kann Unzufriedenheit und Unsicherheit manchmal übertünchen. Besser übertreiben und so einen Moment im Rampenlicht stehen denn als graue, bescheidene Maus im Schatten zu bleiben.

Aber Vorsicht: Das Ausschmücken und Verschnörkeln, gewohnheitsmäßig betrieben, kann süchtig machen. Dann wird alles und jedes Erzählen mit launigen Gags verziert, immer um der Wirkung willen. Das wirkliche Leben wird dabei bisweilen aus den Augen verloren.

Erleben Kinder ihre Eltern als begabte Übertreiber, machen sie es ihnen schnell nach: Sie setzen Witz auf Witz und sind bald begierig auf ein Publikum. Und oft bekommen sie Schwierigkeiten, zwischen Phantasie und Wirklichkeit zu unterscheiden.

Je maßloser ein Kind angibt, desto sicherer kann man sein, dass es unbewusst versucht, ein Defizit auszugleichen – meistens einen Mangel an Anerkennung oder das Gefühl, den anderen nicht das Wasser reichen zu können

»Wir fliegen in die Karibik!«

Kurz vor den Sommerferien erzählen die Kinder in Lukas' Klasse ganz aufgeregt, wohin sie mit ihren Eltern verreisen werden: nach Italien, Spanien, Tunesien – auf jeden Fall weit weg in irgendein herrliches Urlaubsparadies!

Plötzlich sagt Lukas: »Wir fliegen in die Karibik, in ein Hotel wie ein Schloss, und es ist direkt am Meer.« Doch das wird ihm zum Verhängnis, denn er trägt so dick auf, dass ihm keiner glaubt – zu Recht, denn Lukas fährt wie immer in die Pension seines

Onkels auf dem Land, seine Eltern können sich keine große Reise leisten.

Er bekommt mit, wie die Kinder untereinander tuscheln: »Dem glaube ich kein Wort! Der will sich doch bloß wichtig machen!« Ein Kind brüllt: »Angeber!«, ein anderes: »Du lügst, du weißt nicht einmal, wo die Karibik liegt!«

Zu Hause sperrt sich Lukas in sein Zimmer und heult. Erst abends gelingt es seinem Vater, an ihn heranzukommen: »Erzähl mir, was los ist. Vielleicht kann ich dir helfen.« Lukas: »Ich habe keine Freunde, alle lachen mich aus!« Der Vater: »Du hast also Probleme mit deinen Klassenkameraden?« Lukas: »Ja, sie sagen, ich bin ein Angeber.«

Verstehen, was los ist

Nach und nach erzählt Lukas, was passiert ist. Der Vater hört seinem Sohn aufmerksam zu, fragt immer wieder vorsichtig nach, um möglichst viel aus dem Jungen herauszubringen. Er erfährt, dass sein Sohn sich in der Schule nicht anerkannt fühlt, und zwar erst seit diesem, dem fünften Schuljahr. Denn jetzt spielen Statussymbole ein Rolle – auf einmal zählt, wie groß Vaters Auto ist, welche Klamotten man trägt und eben auch, wohin die Urlaubsreise geht. Lukas kann nicht mithalten und beginnt Lügenmärchen zu erfinden: Er protzt, er gibt an, er versucht, groß herauszukommen.

Oft geht die Phantasie mit ihm durch, seine Geschichten sind viel zu weit hergeholt. Zu Anfang glauben ihm die Kinder noch und hören staunend zu – endlich hat er die Aufmerksamkeit, die er so dringend braucht. Er steht auch kurzfristig im Mittelpunkt und fühlt sich bewundert. Nur – nach einiger Zeit kommen ihm seine Schulkameraden natürlich auf die Schliche. Kaum ein Schaumschläger und Sprücheklopfer, der nicht

Ein gewisses Maß an Omnipotenzgebaren und Angeberei ist völlig normal – vor allem mit Beginn der Pubertät. Denn jetzt gilt es die eigene Unsicherheit und Hilflosigkeit zu überspielen. Die Prahlerei stützt das labile Selbstwertgefühl

irgendwann durchschaut wird, und Kinder sind die Ersten, die dann in Hohngelächter ausbrechen.

Lukas' Vater fühlt sich sehr unsicher – nie hätte er gedacht, dass sein Sohn sich ihrer bescheidenen, aber für die Eltern völlig akzeptablen Lebensverhältnisse schämen könnte. Doch trotz aller Beunruhigung über Lukas' Verhalten ist er ganz froh, auf diese Weise zu erfahren, was in seinem Sohn vorgeht: Weil Lukas sich den anderen in seiner Klasse unterlegen fühlt, protzt er, um an sie heranzureichen.

Wie reagieren?

Das war ich nicht!

Wenn Kinder so tun, als seien sie die Größten, ist es für die Eltern oft schwer zu erkennen: Wie viel Wichtigtuerei ist erlaubt, und wann sollten sie ihr Kind auf den Boden der Tatsachen zurückbringen?

Der Vater könnte sagen: »Dir ist also peinlich, dass wir weniger Geld haben als viele andere in deiner Klasse und bescheidener leben.« (Das sagt er möglichst neutral und sachlich, damit sein Sohn ihm nicht ausweicht.) Lukas antwortet: »Ja, ein bisschen schon, ihr sagt immer: ›Das können wir uns nicht leisten‹, und das nervt.«

Der Vater: »Okay, das ist nun mal so, und das können wir nicht ändern. Deswegen jedenfalls erfindest du tolle Sachen, damit sie dich mögen. Das habe ich kapiert. Nur – nach meiner Erfahrung mag man andere Menschen niemals wegen Äußerlichkeiten wie Geld und Markenklamotten, sondern aufgrund ihrer Persönlichkeit.« Lukas: »Bei uns ist das aber nicht so. So einer wie ich ist ein Verlierer. Ferien beim Onkel in so einem blöden Dorf, das ist peinlich.«

Der Vater versucht erst gar nicht, ihn umzustimmen, das hätte Lukas sowieso nur abgeblockt. Stattdessen reden sie über die letzten Ferien, vor allem über die Dinge, die Lukas Spaß gemacht haben. Vater: »Und wenn du davon in der Schule erzählst?« Lukas: »Das finden die doof!« Der Vater: »Versuch's doch erst mal. Wenn du etwas wirklich toll findest, dann hören

59

Kein Kind mag von der Klassengemeinschaft ausgeschlossen werden – und manche machen sich dann eben durch Lügengeschichten interessant

die anderen auch zu!« Lukas: »Und wenn sie mich ausfragen, wegen der Karibik?« Der Vater: »Das hat eben nicht geklappt, erzähle einfach, wo du wirklich warst. Schau – deine Lügenmärchen glauben sie dir doch sowieso nicht. Wenn du ihnen nichts mehr vormachst, bemerken sie das und mögen dich dafür. Es dauert vielleicht ein Weilchen, aber probier es. Alles andere funktioniert eh auf Dauer nicht. Es ist ja auch so, dass du dich mit all deinen Lügengeschichten nicht gut fühlst. Das ist wie eine Rutschpartie auf dem Glatteis.«

Lukas muss zugeben: Es war sehr anstrengend, mühsam, dauernd zu bluffen und zu blenden. Und richtige Freunde hat er dadurch auch nicht gewonnen. Niemand mag Angeber, die das Blaue vom Himmel herunterlügen – er auch nicht. Letztendlich hat er sich selbst nur geschadet. Das heißt natürlich nicht, dass man seine Geschichten nicht etwas ausschmücken, komischer oder spannender machen darf, als sie wirklich waren, aber: Das ist etwas ganz anderes, als Lügengeschichten zu erfinden.

Eine mögliche Vereinbarung könnte so aussehen: Lukas' Eltern sind bereit, für ihren Sohn etwas schickere, »modischere« Klamotten zu kaufen. Sie sagen sich: »Wenn das heutzutage so wichtig ist, soll er welche haben. Wir möchten ja nicht, dass er sich schämen muss. Er soll sich wohl fühlen, das stärkt sicher auch sein angeknackstes Selbstbewusstsein.«

»Ich war es nicht, der Benni war's!«

Das Schreckliche an so manch einer Lüge ist: Sie zieht gleich noch eine – oder einen ganzen Rattenschwanz – neuer Schwindeleien nach sich

Jens, zehn Jahre alt, und zwei Freunde spielen während der Pause im Klassenzimmer mit einem Ball. Eigentlich sollten sie längst auf dem Schulhof sein, aber als sie den Ball entdecken, werfen sie ihn von einem zum anderen – plötzlich ein lautes *Klirr!* Die Fensterscheibe ist zerbrochen, überall liegen die Scherben. Es ist Jens, der den Ball geworfen hat. Die anderen hauen ab, aber Jens steht da wie gelähmt. Da erscheint der Lehrer: »Wer war das?« In Jens' Kopf überschlagen sich die Gedanken: Der Verweis von letzter Woche, und jetzt schon wieder Ärger, Riesenkrach zu Hause, und da rutscht es auch schon aus ihm heraus: »Es war der Benni und zwei andere.« Der Lehrer: »Und was machst du hier? Warum bist du nicht auf dem Schulhof?« Jens hört sich sagen: »Ich habe Bauchweh, ich wollte mich hier in der Pause ausruhen, und da sah ich die anderen mit dem Ball spielen.«

Natürlich fliegt die Geschichte noch am gleichen Vormittag auf. Jens hätte es kaum schlimmer erwischen können: Nicht nur der

Lehrer ist zornig und empört, auch seine Freunde sind sauer, bei ihnen ist er jetzt unten durch. Die Eltern werden benachrichtigt und toben: »Eine zerbrochene Scheibe in der Schule ist schon schlimm genug, aber deine Lügerei ist unverzeihlich!« Jens entschuldigt sich, ist völlig geknickt, er weiß selbst nicht, was in ihn gefahren war, als er die anderen anschwärzte.

Die Situation verstehen

Jens ist kein unauffälliger Schüler, er macht viel Blödsinn und bekommt häufig Schwierigkeiten. Die zerbrochene Scheibe hat ihm gerade noch gefehlt zu seinem Pech, er gerät in Panik und sieht nur noch einen Ausweg: lügen, alles abstreiten, bloß nicht noch mehr Ärger bekommen! Seine Eltern sind streng, diszipliniert und sehr auf Ehrlichkeit bedacht, ihr ungezogener Sohn macht ihnen zu schaffen. Dass er auch noch lügt, bringt sie völlig aus der Fassung. Sie sehen nicht, was dahinter steckt: Opposition, weil die Eltern so streng sind, chaotisches Verhalten, weil zu Hause alles seine starre Ordnung hat. In seinem Alter sind ihm die Gründe für sein Verhalten noch gar nicht recht bewusst, er weiß nur, dass er oft Mist baut und lügt, um den verhassten Auseinandersetzungen zu Hause zu entkommen. Vor seinen strengen Eltern, ihren Standpauken und Strafen hat er Angst.

Wenn Eltern und Kinder sich um einen Neuanfang bemühen, beweisen sie, dass sie nach vorne schauen und Lösungen für die Zukunft suchen, statt rückwärts zu blicken und über Gewesenes zu schimpfen

Was tun?

Bei Jens' Mutter läuten die Alarmglocken. Ihr wird klar, dass sie mit ihren bisherigen Erziehungsmaßnahmen nicht weiterkommt. Sie setzt sich zu Jens, um mit ihm zu reden und ihm Gelegenheit zu geben, den Vorfall aus seiner Sicht zu erklären. Mutter: »Du hast wohl Angst gehabt, das mit der Fensterscheibe

Wichtig ist, dass Eltern sich ihre Familie genau anschauen: Wo haben wir unsere Schwierigkeiten? Wo unsere Stärken? Was wird bei uns ehrlich ausgesprochen, was hingegen verheimlicht – und warum?

zuzugeben?« Jens: »Ihr werdet immer gleich so wütend, vor allem der Papa.« Mutter: »Du hast also deine Freunde angeschwärzt, um mit uns keinen Streit zu bekommen?« Jens: »Ihr seid doch ständig sauer auf mich, ihr findet sowieso nur alles schlecht an mir, egal was ich mache.« Mutter: »Aber das stimmt doch gar nicht!« Innerlich muss sie Jens allerdings Recht geben. Eigentlich haben sie meistens irgendetwas an ihm auszusetzen – er ist nicht so, wie er sein sollte und sie es sich wünschen. Da aber ihre permanenten Vorhaltungen überhaupt nichts bewirken und auch noch das Zusammensein vergiften, wollen sie einen Neuanfang versuchen.

Dazu trägt Folgendes bei:

- Zu ihrem Sohn wollen sie ein besseres Vertrauensverhältnis schaffen, mit ihm öfter reden über die Schule und über seine Schwierigkeiten, aber auch über seine Interessen und persönlichen Vorstellungen. Eine positive Beziehung ist ein besseres Mittel gegen Angstlügen als eiserne Strenge.
- Sie sollten mit dem Klassenlehrer reden, um mehr über Jens zu erfahren und gemeinsam mit ihm zu überlegen, wie man den Jungen stärken und motivieren kann.
- Ihre eigenen Erwartungen an Jens sollten die Eltern etwas herunterschrauben, ihm mehr Freiräume erlauben und ihm zeigen: Wir haben dich lieb, so wie du bist. Dann hat er es viel weniger nötig, sie anzulügen.

Die Eltern schlagen Jens eine Abmachung vor: »Wenn du etwas angestellt hast, sag es uns einfach. Wir versuchen dann gemeinsam, den Vorfall zu klären. Wir werden uns sicher ärgern, aber du sollst wissen, dass wir trotzdem zu dir stehen und dir notfalls aus der Patsche helfen. Uns hat es sehr erschrocken, dass du lügst, weil du Angst hast vor uns.«

Jedes Kind braucht das Gefühl, dass seine Eltern zu ihm halten, auch wenn sie sich über sein Verhalten maßlos aufregen und es

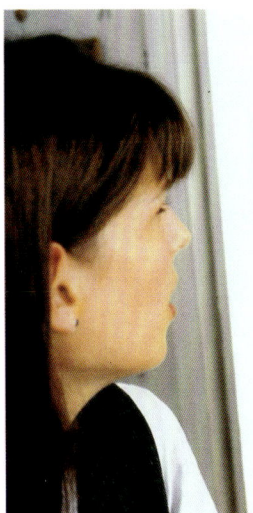

ihm auch zeigen. Den Ärger der Eltern können Kinder meistens gut aushalten – häufig empfinden sie ihn sogar als verdient. Es sind die Drohungen und Strafen, auf die sie mit Trotz und Abwehr reagieren, ohne dass sich etwas positiv verändert.

»Mein Vater kommt und zaubert für uns alle!«

Laura, neun Jahre alt, weigert sich, auf das Sommerfest ihrer Schule mitzukommen. »Keine Lust!« Ihre Mutter stutzt – ihre Tochter hat auf den Schulfesten immer viel Spaß. Was ist bloß auf einmal in sie gefahren? »Mir ist schlecht, ich fühle mich total krank«, behauptet Laura, »sag das auch am Telefon, wenn jemand anruft.« Die Mutter glaubt ihr kein Wort und fragt nach: »Hast du dich mit einer deiner Freundinnen gestritten?« Laura verneint vehement. Dann dämmert es der Mutter: »Hat es mit deinem Vater zu tun?« So ist es, aus Laura bricht es heraus: »Wieso kommt er nicht? Ich hasse ihn!«

Weil die Wahrheit manchmal schrecklich wehtut und schwer zu ertragen ist, verdrängen wir sie einfach – wir tun so, als ob es sie gar nicht gäbe

Lauras Eltern sind seit einem Jahr getrennt, letzten Sommer noch hat ihr Vater auf dem Schulfest gezaubert und alle mit seinen Tricks und Späßen fasziniert. Als Lauras Freundinnen sie bestürmen, ob ihr Vater denn wieder so toll zaubert, lügt Laura: »Natürlich! Er hat die coolsten Tricks vorbereitet.« Vor den Winterferien hatte sie schon einmal die anderen angeschwindelt: »Mein Vater feiert Weihnachten mit uns.« Mit diesem Märchen war sie durchgekommen, aber jetzt würde alles auffliegen, ihr einziger Ausweg: krank spielen und beim Sommerfest fehlen.

Wunschtraum und Wirklichkeit

Wenn ein Kind sich eine Lebenslüge zurechtbastelt und eine eigene Wahrheit schafft, braucht es auf jeden Fall die Hilfe eines Erwachsenen, um da wieder herauszufinden

Für Laura ist die Realität zu schmerzhaft, um sie zuzulassen, sie frisiert sie lieber oder leugnet sie einfach. Das, was sie sich sehnlich wünscht, stellt sie vor ihren Freundinnen als die Wahrheit dar – und glaubt selbst ein wenig daran. Der Selbstbetrug mildert ihre Traurigkeit für eine Weile und tröstet sie. Es ist ihre Art, die Sehnsucht nach ihrem Vater und ihre Verlassenheitsgefühle erträglicher zu machen.

Was tun?

Die Mutter lässt Laura schimpfen, damit sie ihre Wut und Enttäuschung erst einmal los wird, dann nimmt sie ihre aufgelöste Tochter in den Arm und sagt: »Es ist sehr schwer für dich, damit fertig zu werden, dass dein Vater nicht mehr bei uns ist. Unser Leben hat sich dadurch natürlich verändert.« Laura: »Ja, und wie!« Sie schüttet ihrer Mutter ihr Herz aus, platzt mit allem heraus, was sie vermisst und was ihr zu schaffen macht. Ihr Fazit: »Ich will nicht, dass es sich verändert!« Mutter: »Deswegen machst du dir und anderen oft vor, dass alles so wäre wie früher.

Aber es hilft nichts, wir müssen die Wahrheit trotzdem zur Kenntnis nehmen, sie lässt sich nicht wegdrängen. Du merkst ja auch, dass es dich nicht glücklicher macht, wenn du dich weiter selbst belügst.« Laura fragt schließlich: »Und was soll ich meinen Freundinnen jetzt sagen?« Mutter: »Die Wahrheit. Sag ihnen, dass dein Vater nicht da ist, dass du es dir gewünscht hättest – aber zu diesem Sommerfest kommt er nicht.«
An dem Abend gehen Mutter und Tochter miteinander ins Restaurant. Da darf Laura alles fragen, was sie will, und die Mutter versucht, so offen zu antworten wie möglich. Dann machen sie Pläne für die Ferien.

»Die Lateinarbeit? Die haben wir nicht herausbekommen!«

Die zwölfjährige Nina ist eine gute Schülerin. Ihre Eltern sind richtig stolz auf sie und sehr froh darüber, denn ihr älterer Sohn Timo bringt fast immer miserable Noten nach Hause.
Doch dann geschieht etwas für die Mutter Unbegreifliches. Nina hat eine Schularbeit in Latein geschrieben und behauptet wochenlang: »Die Lehrerin hat sie immer noch nicht korrigiert, ich sag dir schon, wenn wir sie rauskriegen.«
Zufällig entdeckt die Mutter die Arbeit in Ninas Schulranzen, am oberen Seitenrand prangt eine glatte Fünf, am unteren die gefälschte Unterschrift der Mutter. Entsetzt stellt sie ihre Tochter zur Rede, wartet aber gar nicht erst eine Antwort ab, sondern überfällt sie mit einer Schimpfkanonade, die sie in ihrer Empörung mit dem Satz beschließt: »Das hätten wir nie von dir gedacht!« Nina heult los, läuft aus dem Zimmer und knallt die Tür hinter sich zu. Sie brüllt noch zurück: »Ihr habt ja keine Ahnung!«

Ein Kind, das zum »Überflieger« abgestempelt wird, bekommt ein völlig falsches Bild von sich: Seine Anforderungen an sich selbst sind so hoch, dass es quasi gezwungen wird zu lügen, sobald seine Erfolge nachlassen

Mit Freunden können manche Kinder besser über Schulprobleme reden als mit den Eltern

Die Angst, nicht zu genügen

Für eine gute Schülerin, die Tochter ehrgeiziger Eltern, ist es besonders schwer, eine schlechte Note hinzunehmen. Nina weiß, dass die Erwartungen der Eltern an sie hoch sind, dass sie ein bestimmtes Bild von ihr haben.

Schulkinder lügen oft aus Angst

Häufig schwindeln Kinder in puncto Schulsachen, weil sie ganz einfach überfordert sind: Um den hohen Erwartungen der Eltern zu genügen, werden Misserfolge verschwiegen, schlechte Leistungen verharmlost, mittelmäßige beschönigt, und notfalls werden eben auch die Unterschriften der Eltern gefälscht. Sie haben Angst, weniger geliebt zu werden, wenn sie die Eltern enttäuschen.

Sie ist die unproblematische, gewissenhafte Tochter mit den guten Noten, das genaue Gegenteil des frechen, undisziplinierten Bruders. Sie traut sich nicht, an diesem Image zu rütteln, und will die Eltern nicht enttäuschen. Was tut sie also? Sie lügt und trickst, um das Bild der perfekten Tochter aufrechtzuerhalten.

Was tun?

Am wichtigsten ist es, herauszubekommen, warum Nina nicht wagt, den Eltern die Wahrheit zu sagen, und sogar riskiert, die Unterschrift der Mutter zu fälschen. Doch als die Mutter, nachdem ihr Zorn verflogen ist, mit ihr über den Vorfall sprechen will, blockt die Tochter trotzig ab: »Ich weiß schon, was jetzt kommt – ich bin schlimmer als Timo, ich bin eine Betrügerin, du kannst mir nicht mehr vertrauen. Also sag gleich, wie ihr mich bestrafen wollt.«

Die Mutter entgegnet aber: »Nina, lass das. Sag mir lieber, was mit dir passiert ist. Eine Fünf ist doch nicht der Weltuntergang, deswegen schlagen wir dir doch nicht den Kopf ab! Oder hast du das etwa geglaubt?« Nina: »Ihr sagt immer, sogar euren Freunden, wie toll ich in der Schule bin, und dann kriege ich plötzlich eine Fünf! Das war ein krasser Schock für mich. Sogar die Lehrerin hat irgendwelche Sprüche gemacht von wegen ›enttäuschendes Ergebnis, gerade von dir hätte ich das nicht erwartet‹. Ich wollte euch nicht traurig machen … und sauer auch nicht.«

Mutter: »Da musst du dich ja ziemlich elend gefühlt haben, wenn du auf so eine Trickserei verfällst. Hast du denn nicht befürchtet, dass das Ganze auffliegt?« Nina: »Ja, schon, aber mir ging es eben total schlecht. Deswegen habe ich das doch alles gemacht. Irgendwie habe ich auch gehofft, du vergisst die blöde Arbeit irgendwann, dann hättest du nichts gemerkt.«

Es kann für ein Kind wie eine Erlösung sein, wenn es erlebt: Ich darf Fehler machen, ich darf versagen, und meine Eltern stehen trotzdem zu mir

Ninas Eltern wird klar, dass sie mit ihren üblichen Lobeshymnen auf ihre Tochter unbewusst einen viel zu starken Druck auf das Mädchen ausgeübt haben. Da Nina aber die hoch gesteckten Erwartungen auch meistens erfüllt hat und dafür dauernd Aufmerksamkeit und Anerkennung erntete, erkannte niemand, wie sehr sie eingeengt und in eine bestimmte Rolle gezwängt wurde.

Die Beziehung verändern

Es kommt häufig vor, dass ehrgeizige Eltern unter ihren Kindern das scheinbar klügste dazu ausersehen, ihre eigenen Wünsche nach Erfolg und Anerkennung zu erfüllen

In den meisten Familien bekommen die Kinder einer Familie unterschiedliche Begabungen und Charakterzüge zugeschrieben – positive und weniger positive –, die für sie dann als typisch gelten. Für Nina war das Etikett »liebes, kluges Kind« zwar gut gemeint, die Eltern waren auch überzeugt, die Stärken ihrer Tochter zu fördern, doch dadurch war Nina festgelegt: Andere Qualitäten oder Eigenheiten kamen kaum zum Zuge. Auch Nina sah sich mit den Augen ihrer Eltern, akzeptierte ihren Part und spielte ihn auch sehr gut – bis die Fünf in Latein kam.

Der Vorfall wird für alle zur Chance: Die Eltern erkennen, wie belastend die Rolle für Nina war, und versichern ihr jetzt, dass ihre Leistungen nur ein kleiner Teil von ihr sind. Sie soll wissen, dass sie keine Musterschülerin zu sein braucht, um geliebt zu werden. Sie darf Fehler machen, die sie nicht zu vertuschen braucht, denn niemand ist perfekt. Sie ist auch nicht dazu da, all die Erwartungen ihrer Eltern einzulösen, sie soll vielmehr ausprobieren, was an verschiedenen Möglichkeiten in ihr steckt. Nicht zuletzt wurde klar, dass Nina mit ihren guten Noten den Wunschtraum der Mutter erfüllte, die schon früh von der Schule abgehen musste. Der Bruder taugte für diese Rolle ja nicht. Die Aufgaben waren also klar verteilt und prägten die Geschwister in hohem Maße. In Familien, in denen die Rollen allzu festgelegt sind, geschieht es oft, dass ein Kind alles tut, um seiner

Helfen Sie Ihrem kleinen Schwindler!

Sehr viele Kinder unterschlagen schlechte Noten – am häufigsten natürlich die schlechten Schüler. Sie wollen sich vor allem Ärger mit den Eltern, eine Flut von Vorwürfen und mögliche Strafen ersparen. Was können Eltern tun, damit ihr Kind seine Tricks nicht mehr nötig hat?

- Ihm zeigen, dass es nicht nur wegen seiner Leistungen gemocht wird, sondern um seiner selbst willen.
- Vertrauen in seine Fähigkeiten signalisieren – Zuversicht stärkt und setzt positive Kräfte frei.
- Zensuren nicht überbewerten, auch kleine Bemühungen und Fortschritte sollten honoriert werden.
- Die eigenen Erwartungen überprüfen: Sind ihre Ansprüche als Eltern realistisch? Geht es ihnen in erster Linie um das Wohlergehen des Kindes oder eher um ihr eigenes?

Aufgabe, dem erwünschten und scheinbar unverwechselbaren Image, gerecht zu werden – notfalls eben auch durch kleinere oder größere Schwindeleien.

»Unser Kind flunkert wie gedruckt!«

Julia, zwölf Jahre alt, ist nie um eine Ausrede verlegen, immer hat sie eine Notlüge parat, ein schnelles, originelles Ammenmärchen, mit dem sie ihre Eltern hintergeht. Wenn sie bekundet: »Ich war bei Anna, wir haben gemeinsam Hausaufgaben gemacht«, dann war sie bei den Kindern, die ihre Eltern nicht leiden können, und hat dort wahrscheinlich ferngesehen. Wenn Mamas Nagelschere oder Papas Taschenlampe verschwunden

Kinder merken oft gar nicht, dass ständige Halbwahrheiten und Lügen andere abschrecken

Flunkern,
tricksen und
bluffen kann
einem Kind so
sehr zur Ge-
wohnheit wer-
den, dass es
gar nicht mehr
merkt, ob es
gerade wieder
lügt oder viel-
leicht doch die
Wahrheit sagt

D A S   W A R   I C H   N I C H T !

sind, dann sagt Julia: »Ich habe sie nirgends gesehen« – dabei liegen sie in ihrem Zimmer. Sie behauptet sogar: »Jemand hat mir mein Federmäppchen geklaut, ich brauche wirklich ein neues«, und Tage später entdeckt ihre Mutter das alte Mäppchen versteckt unter den Pullis. Schlau, trickreich und meist charmant laviert sich Julia durch den Alltag, schwindelt ihre Freunde an, aber vor allem ihre Eltern. Ihre Mutter hat das ungute Gefühl, dass ihre Tochter ihr entgleitet und einfach nicht zu fassen ist.

Begreifen, was dahinter steckt

Julias bestimmt nur halb bewusste Devise lautet: Möglichst machen, was ich will, schnell bekommen, was ich brauche, ohne lästige Diskussionen. Sie drückt sich um unbequeme Auseinandersetzungen, schwindelt, um es sich leicht zu machen.
Ihr älterer Bruder ist da ganz anders, er stellt sich den Wutausbrüchen des Vaters, diskutiert und verhandelt mit seiner Mutter. Für Julia ist dieser Weg zu aufreibend, schließlich bekommt sie mit, wie sehr ihr Bruder sich plagt. Also jongliert sie geschickt mit der Wahrheit, wenn Schwierigkeiten auftauchen – wie auf Knopfdruck geht die Schublade auf, in der die passende Lügengeschichte bereitliegt.

Tipp: Reden Sie mit dem Schwindler!

Kinder merken häufig gar nicht, dass dauernde Finten, Halbwahrheiten und Lügengeschichten andere abschrecken. Deswegen ist es sehr wichtig, dass Eltern sich intensiv mit ihrem kleinen »Dauerlügner« beschäftigen und mit ihm darüber reden, was seine Flunkereien bei den Belogenen bewirken.

Natürlich ist Julias Mutter beunruhigt. Wie oft hat sie ihre Tochter angefahren: »Du lügst!« Doch Julia, in die Defensive gedrängt, geht meistens zum Gegenangriff über und leugnet unbeirrt weiter. Oft läuft sie einfach weg, verbarrikadiert sich in ihrem Zimmer, hängt sich ans Telefon und jammert sich ausgiebig bei ihrer Freundin aus.

Was tun?

Die Mutter spürt, dass ihre Tochter dabei ist, den Bezug zur Wirklichkeit zu verlieren: Julia taktiert fast schon automatisch, offenbar ohne schlechtes Gewissen, sie scheint sich immer im Recht zu fühlen.

Julias Mutter beschließt, sich häufiger und auch aufmerksamer um ihre Tochter zu kümmern. Zum einen weil sie dabei ist, den Kontakt zu ihrer dauernd ausweichenden Tochter zu verlieren. Zum anderen, weil Julia offenbar ohne jegliches schlechte Gewissen taktiert und schummelt, sie scheint sich immer im Recht zu fühlen. Oft glaubt sie ihre Lügenmärchen selbst.

Die Mutter erinnert sich, dass auch sie als Kind phasenweise kräftig gelogen hat, und erzählt Julia davon: wie es ihr zur Gewohnheit wurde, Probleme durch dauernde Flunkereien aus dem Wege zu gehen. Sie nennt ihr sogar noch Beispiele aus ihrer eigenen Kindheit: »Schwindeln war für mich ein Schutz, wie vielleicht bei dir auch, keiner sollte mir zu nahe kommen. Dadurch hatte ich allerdings eine sehr angespannte Beziehung zu denen, die ich angeschwindelt habe. Da war keine Nähe zu ihnen mehr da, kein Vertrauensverhältnis. Ich wurde auch ziemlich oft erwischt, und am Ende haben mir meine Eltern überhaupt nichts mehr geglaubt. Außerdem war ich gar nicht mehr ich selbst, so anstrengend war es, dauernd das passende Lügenmärchen parat zu haben und nichts durcheinander zu bringen.

Fingerspitzengefühl und Verständnis für das Kind können Wunder wirken – plötzlich entsteht wieder Nähe, wo vorher nur Wut und Misstrauen war

Vor allem wenn Kinder in die Pubertät kommen, brauchen sie ihre kleinen Geheimnisse, die sie und ihre Freunde ganz für sich behalten. Tuscheln, flüstern und verschwörerisch kichern ist ganz normal

Wie geht es dir denn bei deinen Schwindeleien?« Julia: »Wieso, ich schwindele doch gar nicht so oft. Und wenn, dann denke ich nicht darüber nach.« Mutter: »Kann es sein, dass du dir vor allem Ärger vom Hals schaffen willst?« Julia: »Ich sehe ja, wie oft es Streit mit meinem Bruder gibt.« Mutter: »Stimmt, aber wir vertragen uns wieder und handeln Kompromisse aus. Wenn du unsere Auseinandersetzungen so schrecklich findest, könnten wir doch Folgendes versuchen: Jedes Mal, wenn du den Mut aufbringst, die Wahrheit zu sagen, anstatt mir ein Lügenmärchen aufzutischen, gibt es ein dickes Lob, okay? Und wenn du doch lügst, bohre ich nicht nach. Ich will dich ja nicht in Verlegenheit bringen.«

Natürlich wird aus einem Lügenbeutel nicht von heute auf morgen ein wahrheitsliebendes, immer grundehrliches Kind. Aber wenn der kleine Schwindler nicht mehr ganz so gedankenlos drauflosflügt und sich nach und nach immer häufiger traut, mit der Wahrheit herauszurücken, verdient er dafür auch jede Menge Anerkennung und Lob von den Eltern. Das motiviert ihn, auch in Zukunft besser bei der Wahrheit zu bleiben.

Was sich verändert

Julia ist in ihrer ganzen Art ganz anders als ihr Bruder, sie scheut Konfrontationen, sie ist eher ausweichend, und Ausflüchte, ein bisschen Täuschen und Tarnen sind Teil ihres Wesens. Ehrlichkeit fällt ihr schwer. Nun muss – und kann – kein Kind immer die Wahrheit und nichts als die Wahrheit sagen, schon gar nicht seinen Eltern. Es ist ganz normal, kleine Vergehen und Versäumnisse zu vertuschen. Problematisch wird es erst, wenn das Schwindeln zur Gewohnheit wird, zur einzig probaten Strategie bei der Bewältigung jeglicher Schwierigkeiten – und das hat Julia begriffen. Nach dem Gespräch mit ihrer Mutter wird ihr zum ersten Mal bewusst, dass sie durch ihr ständiges Schwindeln Vertrauen und Freundschaften aufs Spiel setzt.

> Dauerndes Lügen kann dazu führen, dass die Flunkerer zwischen Realität und Phantasie nicht mehr klar unterscheiden können

»Du musst nicht alles wissen!«

Die 13-jährige Sophia scheint unerreichbar, wortkarg und zugeknöpft. Die Mutter erkennt ihre sonst so mitteilsame Tochter kaum wieder. Sophia schließt sich in ihr Zimmer ein, telefoniert jeden Tag über eine Stunde lang mit ihrer Freundin Lila, geht dann aus dem Haus und sagt: »Ich unternehme was mit Lila.« Dass das gelogen ist, findet die Mutter schnell heraus, als sie Lila auf der Straße trifft. Und die ertappte Sophia beichtet auch sofort: »Es ist der Manuel, den ich treffe. Du kannst ihn ja nicht leiden, was blieb mir anderes übrig, als zu lügen.«

Wie Heimlichkeiten entstehen

Sophias Mutter findet, ihre Tochter sei einfach noch zu jung, um einen »richtigen« Freund zu haben, mit dem sie in ihrem

Zimmer verschwindet, mit dem sie herumschmust und der auch noch drei Jahre älter ist als sie. Dieser Manuel wirkt auch schon so ausgekocht – findet die Mutter. Also hat sie ihre Tochter schon mal ermahnt, bloß »nicht zu weit zu gehen«, und öfter an dem Jungen herumgenörgelt. Als nach einem heftigen Streit Schluss war mit der Freundschaft, atmete die Mutter auf. Doch dass sich die beiden schnell wieder vertragen haben, hat die Tochter einfach verschwiegen – zu sehr haben sie die mütterlichen Vorhaltungen genervt. Aus Selbstschutz hat sie der Mama vorgegaukelt, dass sie dauernd mit ihrer Freundin Lila unterwegs ist.

Der Tochter anders begegnen

Erst gegen Ende der Pubertät, wenn sich die Identität der Kinder gefestigt hat, werden sie wieder offener und erzählen den Eltern mehr von sich und ihren Erfahrungen

Der Mutter wird klar, dass ihre Strategie die völlig falsche war: Dadurch dass sie ihrer Tochter misstraut und den Jungen schlecht gemacht hat, wurden die beiden erst recht unzertrennlich. Sie sagt zu Sophia: »Ich glaube, so hast du mich noch nie angeschwindelt. Dir scheint der Manuel doch sehr wichtig zu sein.« Sophia: »Mama, es tut mir Leid, dass ich dich angelogen habe. Aber du nimmst das alles viel zu ernst. Wir schmusen bloß ein bisschen vor der Glotze, mehr passiert da nicht, ich bin nicht so unvorsichtig, wie du wahrscheinlich denkst.« Mutter: »Warum hast du dann immer so heimlich getan?« Sophia entgegnet ihr: »Weil du den Manuel nicht magst. Und auch, weil du so neugierig bist und du ja nicht alles wissen musst. Ich bin nicht mehr ›deine Kleine‹! Du könntest mir auch vertrauen, ohne dass du immer genau weißt, was läuft.« Mutter: »Also gut, für mich ist das eben alles sehr neu. Ich vertraue dir, ich habe mich eigentlich immer auf dich verlassen können. Aber komm zu mir, wenn du Fragen hast, wenn du mit irgendetwas nicht fertig wirst. Du weißt, ich bin für dich da.«

Die Devise heißt »loslassen«

Kein Kind will seinen Eltern alles erzählen, schon gar nicht, wenn es allmählich in die Pubertät kommt. Fühlt es sich bedrängt, weil die Eltern viel fragen und wissen wollen, schwindelt es halt oder schweigt. Mit solchen Lügen manifestiert es seinen Wunsch nach mehr Freiheit und Selbständigkeit und gibt seinen Eltern zu erkennen: »Bitte quetsch mich jetzt nicht aus. Was ich tue, ist meine private Angelegenheit, ich möchte nicht, dass sich da ein Erwachsener einmischt.«

Vor allem ältere Kinder unternehmen einiges, um der elterlichen Kontrolle zu entkommen. Schwindeln ist eine der Möglichkeiten, die elterliche Übermacht ein wenig zu untergraben und zu erleben, dass man als Kind ein eigenes Bewusstsein hat, eine autonome Persönlichkeit, die es zu schützen gilt – das gelingt nur, wenn man sich auch mal hinter Unwahrheiten verstecken kann.

Eltern, die dauernd in Sorge sind und ihr Kind immer zur Vorsicht mahnen, ständig den Teufel an die Wand malen, erreichen vor allem eins: Das Kind speist die Eltern mit beschwichtigenden Lügenmärchen ab oder sagt überhaupt nichts mehr

Sorgen berechtigen zu Neugier

Wann müssen Eltern besorgt sein, dass ihre Kinder ihnen zu viel verheimlichen, dass sie lügen, um ernsthafte Schwierigkeiten zu vertuschen? Normalerweise erst, wenn sich das vertraute Verhalten oder sogar das Wesen des Kindes sehr verändert. Kinder haben zwar ein Recht auf Heimlichkeiten, es gehört auch zum Ablösungsprozess, dass sie mit Freundschaften und Erfahrungen experimentieren, die den Eltern vielleicht nicht gefallen. Nur wenn Eltern sich wirklich ernsthafte Sorgen machen, ist es ihr gutes Recht herauszubekommen, was los ist. Das heißt nicht, dass sie die Kinder ausfragen oder ihr Zimmer durchsuchen, sondern ihnen ganz offen und direkt ihre Befürchtungen mitteilen. Die Kinder wissen dann: So geht es nicht weiter, es muss sich etwas verändern.

Anderen zuliebe lügen –
Beziehungen stärken

A uch Kinder wissen, dass der Erwachsenenspruch »Lügen haben kurze Beine!« längst nicht immer zutrifft – im Gegenteil: Häufig kann es durchaus sinnvoll sein, zum Nutzen anderer nicht immer ganz genau bei der Wahrheit zu bleiben.

Das schlechte Gewissen bleibt

Auch wenn Kinder lügen, um andere, Freunde zumeist, vor Strafen oder Beleidigungen zu schützen, bleiben beim Kind selber noch ein Hauch von schlechtem Gewissen und vor allem die Sorge, das Vertrauen anderer zu missbrauchen und das eigene Selbstbild zu beschädigen.

»Ich verpetze meine Freunde nicht!«

Zufällig bekommt Marc mit, wie zwei seiner Klassenkameraden einem Mädchen in der Pause den Walkman aus dem Schulranzen klauen. Sie entdeckt den Verlust sofort, weil ihre Tasche völlig durchwühlt ist. Entsetzt erzählt sie dem Klassenlehrer, was passiert ist, doch als er versucht etwas herauszubekommen, schweigen alle, auch Marc. Seine Kumpel verraten? Niemals. Das wäre wohl das Ende des Vorfalls gewesen, wenn die zwei Jungen ihn nicht auf dem Heimweg aufgelauert und bedroht hät-

Kinder schützen ihre Kumpel nicht immer nur aus Kameradschaftlichkeit und Loyalität, oft spielen auch Angst vor Schikane und die Furcht, nicht mehr »dazuzugehören«, eine Rolle

ten: »Wenn du was sagst, kannst du was erleben!« Um ihrer Drohung Nachdruck zu verleihen, schlägt der eine ihm kurz ins Gesicht. Marcs Nase blutet und schwillt später an. Seine Eltern befragen und bedrängen ihn, schnell erfindet er eine Geschichte – er sei hingefallen, alles nicht schlimm. Doch die Eltern glauben ihm nicht – so verstört und verängstigt ist kein Zehnjähriger, der bloß hingefallen ist.

Das Dilemma verstehen

So schwer es auszuhalten ist – manchmal müssen Eltern akzeptieren, dass ihr Kind die Wahrheit für sich behalten will. Wenn sie es bedrängen, stiften sie es vielleicht ungewollt erst recht zum Schwindeln an

Freunde zu verraten ist ein absolutes Tabu – wer das tut, ist erledigt, wer petzt, ist unten durch. Aus purer Loyalität schweigt und schwindelt Marc, nur gedankt wird ihm seine Kameradschaftlichkeit nicht gerade. Er ist bedrückt und durcheinander, er hat Angst und ein schlechtes Gewissen obendrein: Warum haben die zugeschlagen, obwohl ich gar nichts verraten habe? Wo mir das Mädchen auch noch so Leid getan hat! Hätte ich doch was sagen sollen, um ihr zu helfen? Er würde gerne mit seinen Eltern reden, aber er traut sich nicht. Sie würden ihn vermutlich nicht verstehen, ihm unbrauchbare Ratschläge geben und sich überhaupt viel zu sehr aufregen. Außerdem käme er sich vor »wie ein Kleinkind«.

Was tun?

Natürlich spürt Marcs Mutter, dass er ihr etwas verheimlicht und dass ihm das zu schaffen macht. Sie bietet ihm an: »Wenn du etwas auf dem Herzen hast, kannst du jederzeit mit mir reden, vielleicht hilft es dir ein bisschen, etwas loszuwerden.« Marc: »Nein, es ist nichts.« Die Mutter tastet sich vor: »Das mit der verletzten Nase, da bist du doch nicht einfach hingefallen.« Marc:

»Mama, lass mich. Da war was mit zwei aus meiner Klasse, aber ich will es dir nicht erzählen.« Mutter: »Ist gut. Wenn du es doch noch willst, dann tu es einfach, egal wann. Ich weiß ja, wie grässlich es ist, von Freunden enttäuscht zu werden.« Marc nickt und stöhnt, aber er sagt nichts. Hätte seine Mutter alles erfahren, hätte sie Marc einfach durch Zuhören schon beistehen können. Sie hätte versucht, ihn zu bestärken, denn in diesem misslichen Fall konnte er kaum anders handeln: In manchen Konfliktsitua-

Hat die Stunde der Wahrheit geschlagen, wissen die Kinder streng strafender Eltern: Jetzt heißt es lügen und noch mal lügen!

Tipp: Wie schützt man ein Kind gegen zu starken Gruppendruck?

Was tun, wenn in der Clique Kritik und unbequeme Ansichten tabu sind und es nur noch einerseits Anführer und andererseits Mitläufer gibt, die nichts zu melden haben? Am meisten fruchtet, die Selbständigkeit des Kindes und sein kritisches Urteilsvermögen zu unterstützen. Wenn es zu Hause über seine Ansichten offen sprechen darf, wird es auch unter Freunden den Mund aufmachen, seine Meinung vertreten und diese selbstverständlich vor den anderen in der Clique äußern.

tionen gibt es keine eindeutig richtige Lösung. Gemeinsam hätten sie über die gemeinen Jungen und ihr hinterhältiges Verhalten schimpfen können.

Aber Marc schweigt. Die Mutter drängt ihn nicht, das tut ihm gut, denn er will alleine mit seinem Problem zurechtkommen. Dass sie noch sagt: »Ich weiß, wenn du wirklich nicht weiterwüsstest, würdest du mit uns reden. Und du weißt, was auch immer passiert, wir stehen zu dir!« – das tut ihm auch gut.

Wenn Kinder ihre Eltern hinter sich wissen und ihr Vertrauen spüren, können sie auch schon in Marcs Alter mit heiklen Situationen selber fertig werden. Allerdings sollten die Eltern sich intensiv mit ihrem Kind beschäftigen und aufmerksam darauf achten, wie es ihm geht.

»Papa, warum hast du mir das bloß verheimlicht?«

Verleugnungs-
manöver sind
wie Tranquili-
zer – sie beru-
higen momen-
tan und
dämpfen die
Angst, aber sie
verbessern nur
die Symptome,
das Problem
bleibt bestehen

Sarah ist unkonzentriert, fahrig und wirkt oft völlig abwesend, ihre Schulnoten rutschen immer rasanter in den Keller. Dabei war sie bisher eine recht gute Schülerin, mitteilsam und meistens gut gelaunt. Niemand begreift, was mit ihr los ist. Die Klassenlehrerin rät den Eltern, mit der Schulpsychologin zu sprechen. In einem ausgiebigen Gespräch erzählen sie der Psychologin, dass Sarahs Vater seit über einem Jahr arbeitslos ist, die Tochter davon aber nichts weiß: Jeden Morgen geht er aus dem Haus, als ob er weiterhin ins Büro ginge, nachmittags ist er wieder zu Hause.

Wieso haben die Eltern Sarah die Wahrheit verschwiegen? Warum so getan, als ob zu Hause alles seine Ordnung habe? Die Gründe liegen auf der Hand: Sie wollen ihr Kind nicht unnötig belasten und ihm Kummer ersparen. Außerdem würde es die

Verdrängung, um sich und andere zu schützen?

Ungute Ereignisse und Situationen, die unser Selbstbild sowie das Bild, das die Außenwelt von uns hat, bedrohen könnten, werden leicht verdrängt und unter den Teppich gekehrt. Mit diesem Mechanismus schützen wir unsere Identität und versuchen Angst, Scham und Schuldgefühle wegzudrücken. Auf die Dauer geht das jedoch selten gut, weil irgendwann die Wahrheit ans Licht kommt, wir uns in Widersprüche verstricken oder unsere Seele unter der Verdrängung, unter dem Selbstbetrug leidet.

Situation sowieso nicht verstehen. Warum also nicht ein vorübergehendes Täuschungsmanöver inszenieren, bis der Vater wieder eine Arbeit gefunden hat? Er fühlt sich außerdem als Versager, und davon soll weder Sarah etwas wissen – mit ihren elf Jahren sei sie zu klein und zu unreif, um das zu verkraften, meinen die Eltern – noch die Umwelt. Nur die Schweigepflicht der Psychologin hat die Eltern dazu bewogen, die Wahrheit zu offenbaren.

Aufspüren, was in der Tochter vorgeht

Was geschieht, wenn man versucht, Kindern etwas vorzumachen, ihnen eine heile Welt vorspiegelt, die es nicht gibt? Sie spüren die Geheimnisse der Eltern, vor allem wenn sie selbst davon betroffen sind. Nur – solange sie keine Gewissheit haben, reagieren sie mit wachsender Unsicherheit: Sarah spürt intuitiv, dass zu Hause etwas »nicht stimmt«. Das angespannte Klima in der Familie, der unnatürliche Ton in der Stimme ihrer Mutter, die scheinbar unbegründete Nervosität ihres Vaters – das alles irritiert sie zutiefst.

Allzu gut gehütete Familiengeheimnisse und -tabus sind für Kinder oft sehr belastend. Häufige Folgen: große innere Anspannung, Konzentrationsprobleme, hektische Aktivität oder aber nebulöse Ängste und Stimmungstiefs

Was tun?

Nach dem Beratungsgespräch mit der Schulpsychologin begreifen Sarahs Eltern, dass sie nicht nur ihre Tochter, sondern sich selbst schonen wollten. Sie sind es, die die »Blamage« kaum verkraften können und sich deswegen vormachen: Das Kind merkt doch gar nichts, wenn wir ihm nichts sagen. Da Sarahs Verhalten ihnen aber zeigt, wie sehr sie sich irren, ringen sie sich dazu durch, ihr die Wahrheit zu schildern und das gehütete Tabu zu brechen. Zu ihrer Verblüffung reagiert Sarah mit großer Erleichterung. Endlich kann sie mit ihren Eltern freiheraus reden, sie fühlt sich ernst genommen, die beklemmend falschen Töne sind verschwunden. Das ist enorm wichtig für sie, denn nur so macht sie die Erfahrung: Ihr Gefühl hat sie doch nicht getäuscht, irgendetwas stimmte bei ihr zu Hause nicht, sie kann also ihrer eigenen Wahrnehmung trauen.

Auch den Eltern fällt ein Stein vom Herzen, denn ihre Angst – was passiert, wenn das Kind die Wahrheit erfährt? – existierte vor allem in ihrer Phantasie. Jetzt, da Sarah endlich fragen darf, entdecken sie, wie viel innere Anspannung und Energie das Schweigen sie alle gekostet hat. Es hat die Beziehung zu ihrer Tochter überlagert wie ein undurchdringlicher Nebelschleier. Sie fühlen sich wie erlöst, dass etwas so Entscheidendes wie die Arbeitslosigkeit des Vaters nicht mehr im Dunkeln bleibt. Am liebsten hätten sie zwar ihre Tochter gebeten, dieses Problem ganz für sich zu behalten, lassen es aber, denn so ein Versprechen hätte Sarah tatsächlich enorm belastet. Außerdem lernt ein Kind, das ein wichtiges Familienthema geheim halten soll: Du musst die Wirklichkeit verschweigen. Es beherzigt ein solches Sprechverbot oft über das tabuisierte Ereignis hinaus, verliert viel von seiner Offenheit, wird oft verschlossen und unzugänglich – es denkt und fühlt so, wie es ihm die »Geheimniskrämer« zu Hause vorgemacht haben.

Kinder haben feine Antennen für das, was Erwachsene zwischen den Zeilen sagen, für Mimik, Körpersprache und Tonfall. Problematisch ist, dass sie sich nicht wehren können, wenn sie nicht wirklich wissen, was los ist

Was sollten Kinder wissen?

Natürlich müssen Kinder nicht alles wissen: Jeder Mensch braucht seine ureigene Privatsphäre, es ist das gute Recht aller Eltern, ihren Söhnen und Töchtern vieles nicht zu erzählen. Die notwendigen Grenzen zwischen den Generationen sollten nicht verwischt werden: Weder müssen die Kinder in Vaters oder Mutters Schwierigkeiten mit den Arbeitskollegen eingeweiht werden noch in ihre ehelichen Kontroversen – es sei denn, die Konflikte betreffen die gesamte Familie. Wenn sich ein unausgesprochenes Problem auf das Leben der Kinder und auf ihre Beziehung zu ihren Eltern auswirkt, sollten alle darüber Bescheid wissen. Sonst vergiftet das Verschweigen die Atmosphäre zu Hause. Mehr noch: Viele, die als Kinder mit einem ungelüfteten Familiengeheimnis aufwachsen, versuchen als Erwachsene alles, um endlich das Vertuschte herauszubekommen – und müssen dann oft alleine damit fertig werden.

Familientabus offenbaren nicht nur die Ängste all derer, die das Geheimnis hüten, sondern auch die Anforderungen und Zwänge unserer Gesellschaft

»Sei höflich, sei brav und bedank dich!«

Es ist eigentlich überflüssig, Lisa zu ermahnen, sich gut zu benehmen, denn Lisa ist wohlerzogen, nett und zuvorkommend: Wenn die Lehrerin Hilfe braucht, um die neuen Bücher ins Klassenzimmer zu schleppen, meldet sich Lisa sofort, auch wenn ihr gar nicht danach ist. Wenn die Nachbarin sie regelmäßig mit ihren Alltagssorgen langweilt und dabei kein Ende findet, hört Lisa höflich zu, obwohl sie das Gerede maßlos anödet. Und wenn eine Freundin beim Friseur war oder ein neues Kleid anhat – Lisa hat immer nette Komplimente parat. Sie denkt gar nicht darüber nach, ob das, was sie sagt, auch nur ungefähr stimmt. Sie schwindelt höflich, um den anderen ein gutes Gefühl zu geben und natürlich, um selbst zu gefallen.

Noch heute ist es eher weiblich als männlich, aus allzu großer Freundlichkeit zu lügen, um ja nicht anzuecken, um zuvorkommend und liebenswert zu wirken

Ganz bewusst ist Lisa dieses Verhalten nicht. Bis ihre Freundin Anne bei ihr zu Besuch ist und mitbekommt, wie Lisa am Telefon behauptet: »Nein, ich habe heute keine Zeit, leider – ich muss Hausaufgaben machen.« Anne explodiert: »Warum sagst du nicht einfach, dass wir zwei etwas vorhaben? Immer machst du das, dieses Schwindeln, musst dich bei allen einschleimen, bloß weil du Schiss hast, es dir mit irgendjemandem zu verderben. Mir machst du sicher auch was vor. Das kotzt mich an!«

Die Entwicklung verstehen

Die Erwachsenen empfinden Lisa nicht als verlogen, im Gegenteil: Mit ihren zwölf Jahren weiß sie bereits, »was sich gehört«, sie verhält sich so, wie es ihre Eltern von ihr erwarten. Sie wird deswegen oft gelobt, alle sind begeistert von ihr. Das bestärkt Lisa natürlich in ihrem angepassten, liebenswürdigen Verhalten.

Bereits als Kleinkind war sie lieb, sanft und leicht zu erziehen. Schon früh verlangte ihre Mutter: »Bedank dich, sag dem Onkel, wie sehr du dich freust«, oder: »Lisa, gib der Tante die Hand – nein, nicht die linke, die andere.« Lisa gehorchte, und die Erwachsenen fanden sie hinreißend. Lisa hat auch richtig Angst, ihre Mutter zu verärgern, denn in ihrer Wut braust sie dann so auf, dass Lisa jedes Mal am liebsten wegrennen würde. Ihrem sanften Vater geht es ähnlich – um seine Ruhe zu haben, ist er zu jeder Artigkeit bereit. In ihm hat sie das passende Vorbild. Von ihrer Freundin hört Lisa zum ersten Mal, dass ihr grenzenloses »Liebsein« nicht aufrichtig ist und viel mit Angst zu tun hat: Angst vor Ablehnung und möglicher Kritik.

Höflich oder verlogen?

Höfliche, zuvorkommende Menschen tun anderen gut, sie wollen nicht verletzen oder unnötig kränken und werden dafür gemocht – ihre Nettigkeiten sind aufbauend und angenehm. Doch die Grenze zwischen taktvoller Freundlichkeit und Schmeichelei, zwischen liebenswürdiger Höflichkeit und verlogenen Artigkeiten ist fließend. Deswegen müssten Eltern sich fragen: Muss sich ein Kind wirklich herzlich bedanken für den kratzigen Pullover, den ihm die Tante geschenkt hat? Soll es der

Brave Kinder haben Angst, Nein zu sagen, sie wollen niemanden vor den Kopf stoßen. Schon deswegen verstricken sie sich in Ausflüchte und Lügenmärchen

Tipp: Schlagen Sie Ihrem Kind Folgendes vor:
»Überlege doch in Zukunft jedes Mal, bevor du jemanden anschwindeln willst, vielleicht um zu gefallen und gute Stimmung zu machen, ob es nicht anders geht. Vielleicht gibt es eine Alternative zur Lüge?« Allerdings sollten Sie als Eltern auch in dieser Hinsicht als gutes Beispiel dienen und selbst nicht zu viel aus Höflichkeit lügen!

Freundin mit dem großen Hintern in der viel zu prallen Hose wirklich Komplimente machen? Oder den ungenießbaren Kuchen der Oma hinunterwürgen und schwärmen, wie gut er schmeckt? Eltern mögen da unterschiedlicher Meinung sein, doch eines ist allen klar: Das richtige Maß an Höflichkeit und Nettigkeiten erfordert Zartgefühl, Takt und Menschenkenntnis. Aus purer Bequemlichkeit gewöhnen sich viele an, mit schönen Worten konventionell daherzureden, und wundern sich, wenn ihre Kinder zu schlauen kleinen Tricksern werden.

Was tun?

Wahrhaftigkeit hat viel mit emotionaler Ehrlichkeit zu tun: Ein Mensch, der grundsätzlich meint, was er sagt, kann ruhig hier und da zu einer Notlüge greifen

Die wütende Freundin hat Lisa den ersten Anstoß gegeben, sich mit ihrem Verhalten zu befassen. Anne hat ihr bewusst gemacht, dass die ewig beflissenen Nettigkeiten und Schwindeleien Lisas der Freundschaft zwischen ihnen beiden nicht gut tun – sie schaffen im Gegenteil Distanz und machen Anne misstrauisch. Lisas Mutter müsste anerkennen, wie sie auf ihre Tochter wirkt: wie wenig Spielraum sie ihr lässt, sich frei und ungezwungen zu benehmen. Aus Lisas Sicht ist es riskant, immer direkt und offen zu sein, vor allem zu Hause in ihrer Familie. Das sollte ein Thema werden zwischen Mutter und Tochter. Lisa wäre sehr geholfen, wenn man sie weniger gängeln, weniger einengen würde durch strenge Vorschriften und strikte Verhaltensmaßnahmen. Lisa braucht die Erfahrung, dass es sich lohnt, zu sagen, was sie fühlt und denkt, weil es ihr selbst gut tut und sie den anderen damit auch zeigt, dass sie sie ernst nimmt. Ihr Vater müsste außerdem auf die Familienbühne treten und sich um mehr Klarheit bemühen, damit Lisa spürt, was er wirklich empfindet. Kinder reagieren sehr sensibel auf die Haltung ihrer Eltern und fühlen sich unsicher, wenn Worte und Gefühle nicht übereinstimmen.

Ist absolute Wahrheit überhaupt gut?

Man kann nicht immer gnadenlos bei der Wahrheit bleiben. Wer das Prinzip absoluter Wahrhaftigkeit pflegt und jeder Lüge entschieden entgegentritt, pflegt zwar die eigene Moral, tut damit aber nicht nur Gutes, sondern nervt seine Umwelt mit diesem Drang zur **mitleidslosen Aufrichtigkeit**. Die meisten Menschen sind dankbar, wenn ihnen andere nicht mit erhobenem Zeigefinger und hehren Grundsätzen kommen. Sensible Gemüter akzeptieren, dass es manchmal wichtiger sein kann, anderen ihre Würde, ihre Illusionen und Lebenslügen zu lassen, als strikt bei der Wahrheit zu bleiben und jede Lüge beim Namen zu nennen. Wer kein Verständnis für alltägliche, harmlose Schummeleien aufbringen kann, anderen gnadenlos ins Gesicht sagt, was er von ihnen hält, also gerne den Moralapostel und Oberlehrer spielt – eine Rolle, die nicht zuletzt die eigene Eitelkeit befriedigt –, macht sich nicht nur unbeliebt, sondern gilt zu Recht als ungehobelter Grobian, dem es an Fingerspitzengefühl mangelt.

In der Vorpubertät und Pubertät neigen übrigens vor allem viele Jungen dazu, mit Freunden, Eltern, Geschwistern streng ins Gericht zu gehen, wenn sie es mit der Wahrheit nicht ganz genau nehmen. Vielleicht wollen Jungen immer noch vor allem stark, ein wenig heldenhaft sein und viel Mut zur Wahrheit zeigen. Lügner sind aus ihrer Sicht schnell Schwächlinge und Feiglinge. Das Umgekehrte, nämlich anderen bei jeder Gelegenheit einschmeichelnd nach dem Munde zu reden und jede Verrenkung in Sachen Wahrheit mitzumachen, ist natürlich ebenso von Schaden. Es geht darum, den **rechten Mittelweg** zu finden zwischen den beiden Polen, zwischen extremer Heuchelei und Bauchpinselei auf der einen und Zurückhaltung auf der anderen Seite. Aufgabe der Erwachsenen ist es, Kinder bei dieser Gratwanderung zu begleiten und zu genauem Hinschauen und zu gründlichem Nachdenken zu ermutigen, damit es ihnen gelingen kann, ihren eigenen Weg zwischen diesen beiden Polen zu finden.

Das Ziel ist es, nicht zu viel zu schwindeln und zugleich nicht mit allzu großer Wahrheitsliebe andere zu verletzen

DAS WAR ICH NICHT!

Zur Ehrlichkeit erziehen – aber wie?

Ein Kind zur Ehrlichkeit und Wahrheitsliebe zu erziehen gleicht manchmal einer Gratwanderung: Natürlich wollen wir, dass unsere Kinder ehrlich sind und auch zu ihren Missetaten stehen. Aber die Gesellschaft fordert gleichzeitig etwas anderes …

Ein Gewissenskonflikt

Eltern stellt sich eine enorm schwierige Aufgabe: Einerseits wünschen sie sich ein aufrichtiges Kind, dem sie vertrauen können, das offen und gradlinig ist. Freiheraus und ohne Angst soll es sagen, was es fühlt und denkt. Und wenn es Mist gebaut hat, soll es nicht tricksen und lügen, sondern einfach wahrheitsgemäß zugeben: »Ich war's.« Andererseits aber verlangt unsere Gesellschaft völlig andere Eigenschaften: Nur wer geschickt, schlau und gewitzt ist, behauptet sich im Leben. Gefragt sind fixe Notlügen, passende Ausreden oder clevere Halbwahrheiten. Was ankommt, sind Höflichkeitsfloskeln, ein bisschen Bluff und schöne Worte.

Welche moralischen Überlegungen zählen überhaupt noch? Welche Werte sind heute von Bedeutung?

Woran können sich Eltern noch halten?

Es wäre unsinnig und völlig lebensfremd, von Kindern zu erwarten, dass sie niemals schwindeln und stets die Wahrheit sagen. Gleichwohl: Eltern können ihren Kindern dennoch zeigen, dass ein gutes, harmonisches Zusammenleben nur dann eine Chance hat, wenn sich die Familienmitglieder aufeinander verlassen können, wenn sie sich nicht gegenseitig dauernd etwas vormachen, sich täuschen oder austricksen. Sie brauchen Vertrauen zueinander, sonst gerät das Leben völlig aus dem Lot.

Was Sie tun können

Wenn Kinder wissen, dass die Eltern nicht nachtragend sind, fällt es ihnen leichter, zu Missetaten zu stehen

- Geben Sie Ihren Kindern die Sicherheit, dass sie geliebt werden, so, wie sie sind. Denn Kinder, die sich geborgen und anerkannt fühlen, entwickeln ein stabiles Selbstvertrauen und haben es nur selten nötig, ihr Leben zu schönen, sich übertrieben wichtig zu machen oder gar ein besseres Leben herbeizulügen. Sie müssen nicht dauernd tolle Geschichten und kleine Sensationen erfinden, mit denen sie um Aufmerksamkeit und Zuwendung buhlen.

- Schaffen Sie ein offenes Familienklima, in dem Kindern und Erwachsenen erlaubt ist, ihre wahren Gefühle zu zeigen – auch ihren Frust, ihre Wut und ihre Enttäuschung. Ein Kind, das zu seinen Emotionen stehen darf, ohne dafür schlecht gemacht oder abgekanzelt zu werden, ist meist aufgeschlossener und aufrichtiger als eines, das falsche Gefühle vorspiegeln und sich verstellen muss, um zu Hause angenommen zu werden.

- Erlauben Sie Fehler und verzeihen Sie Missetaten. Wenn ein Kind weiß: »Meine Eltern sind sauer und sogar wütend, wenn ich Mist baue, aber letztendlich stehen sie zu mir und versuchen, mich zu verstehen«, dann hat es auch weniger Angst, zuzugeben: »Ich war's!« Kinder, die abgelehnt und verurteilt werden, sobald sie etwas anstellen, lernen all ihre Unarten und Streiche nur noch geschickter zu vertuschen.

- Versuchen Sie, die Gründe für das Lügen zu verstehen: Warum schwindelt mein Kind denn jetzt, was steckt dahinter? Es fruchtet wenig, eine Flunkerei »isoliert« anzugehen, ohne aufzuspüren, welche Ängste, welche Bedürfnisse und Absichten sich dahinter verbergen. Wie viele Kinder schämen sich ihrer Misserfolge und versuchen sie irgendwie zu »unterschlagen«! Wie viele haben Angst zu versagen und machen sich und anderen etwas vor, um Minderwertigkeitsgefühle, die ihnen wehtun, abzuwehren! Wie viele sind dem Druck und den Erwartungen der Eltern nicht gewachsen und schwindeln, um sie nicht zu enttäuschen! Erst wenn Eltern die Flunkereien ihres Kindes quasi an der Wurzel packen, können sie versuchen, die Probleme gemeinsam zu lösen.

- Testen Sie Ihren eigenen Umgang mit der Wahrheit: Notlügen, falsche Komplimente, Ausflüchte und Täuschungsmanöver gehören zu unser aller Leben. Mehr noch: Manche spielen nach außen glückliche Familie, obwohl zu Hause immerzu die Fetzen fliegen; viele wachen über familiäre Geheimnisse – Tabus, die weggeschlossen werden; in einer Reihe von Familien wird reglementiert, was andere erfahren dürfen und was nicht. Wichtig ist, dass Eltern sich dessen bewusst werden und genau überlegen: Wann lügen wir und warum? Zu welchen Flunkereien stehen wir, und wo könnten wir aufrichtiger und offener werden? Wann hören wir auf, glaubwürdig zu sein?

  Da Sie für Ihre Kinder ein brauchbares Vorbild sein wollen, sollten Sie vertrauenswürdig sein: Wenn Sie offen mit Menschen umgehen, ohne sich zu verstellen, können sich Ihre Kinder daran orientieren. Denn Kinder spüren sehr genau, wenn Eltern ihnen und anderen etwas vormachen oder wenn Spannungen in der Luft liegen – erfahren sie nicht, was los ist, fühlen sie sich betrogen und machen dicht.

- Reden Sie ehrlich über das Thema Lüge – und das möglichst ohne zu moralisieren, ohne die Kinder mit Vorwürfen und Ermahnungen zu überschütten. Am besten ist es, über den

Beantworten Sie Fragen Ihrer Kinder möglichst ehrlich – auch die heiklen und unangenehmen!

Hinter jeder
kleinen Lüge
kann ein
größeres Prob-
lem stecken

Wert von gegenseitigem Vertrauen zu sprechen, aber auch über die Schwierigkeiten, immer aufrichtig zu sein. Den Kleinen kann man zunächst Geschichten über flunkernde Kinder erzählen und daran ein Gespräch anknüpfen über den Sinn und Unsinn von Lügen.

• Sprechen Sie Schwindeleien jedes Mal an und nennen Sie sie sachlich beim Namen – anstatt sie gnädig zu übergehen. Denn nur so können Eltern ihre Meinung und ihre Gefühle erläutern und die Kinder ihre eigene Sicht der Dinge schildern. Dabei sollte man nie vergessen, dass die Wahrheit oft subjektiv ist, die Wahrnehmung sehr persönlich, die Erinnerung selektiv: Jeder entsinnt sich an das, was für ihn von Bedeutung ist, siebt gern aus, was dem Selbstwertgefühl schadet.

Gerade Kinder manipulieren die Wahrheit mehr oder minder bewusst, um sich vor Ärger zu schützen. Es geht bei Auseinandersetzungen also weniger darum, die absolute Wahrheit zu postulieren, sondern vielmehr darum, sich mit dem Problem hinter der Lüge zu befassen und zu versuchen, es gemeinsam zu lösen.

Tipp: Was Eltern unbedingt vermeiden sollten

• Das Kind bestrafen und als Lügner abstempeln – es wird danach nur umso geschickter schwindeln.
• Misstrauen aufbauen – das Kind macht zu und zieht sich zurück.
• Schimpfen, wenn das Kind eine Lüge oder Missetat »beichtet« – ein großes Lob wäre angebrachter, wenn es gesteht.
• Druck ausüben, Geständnisse erzwingen – Machtmittel bringen Kinder bloß dazu, noch trickreicher zu werden.
• Predigen und moralisieren – davon glauben Kinder kein Wort. Stattdessen mit ihnen diskutieren und die eigenen Werte begründen, damit die Kinder sich damit auseinander setzen können.

Register

DAS WAR ICH NICHT!

Die Autoren:
Cornelia Nitsch, Autorin zahlreicher sehr erfolgreicher Mosaik Bücher zu Erziehungs-
und Kinderthemen, lebt mit ihrem Mann und ihren vier Kindern in der Nähe von Bad Tölz.
Dr. Cornelia von Schelling, Mutter von zwei Kindern, ist ebenfalls Autorin
vieler erfolgreicher Eltern-Ratgeber im Mosaik Verlag.

Bildnachweis:
PhotoDisc Inc.: 25, 29, 34, 84, 88
T. Stone Bilderwelten/Bailey: 79; -/Bernager: 43;
-/Bissell: 39, 72; -/Cohen: 63; -/Correz: 46;
-/Crapet: 13; -/Denny: 66; -/Hicks: 33; -/Kaluzny: 8; -/Monneret: 6;
-/Pearson: 76; -/Reynolds: 19; -/Roth: 23; -/Rutz: 51; -/Sacks: 59

Redaktion: Monika König/Beatrix Heeg
Textbearbeitung: Linde Wiesner
Bildredaktion: Elisabeth Franz
Umschlaggestaltung: Heinz Kraxenberger
Umschlagfoto: Kraxenberger Bildarchiv

© 2000 Mosaik Verlag München
in der Verlagsgruppe Bertelsmann GmbH / 5 4 3 2 1
Satz: Buch-Werkstatt GmbH, Bad Aibling
Druck: Alcione, Trento
Bindung: Ecoprint, Lavis-Trento
Printed in Italy
ISBN 3-576-11278-2

Alle lieferbaren Titel der Reihe Ratgeber Eltern aus dem Mosaik Verlag auf einen Blick:

Lothar Beyer
Das Baby-Buch für neue Väter
ISBN 3-576-11351-7

Dr. Brigitte Beil
Das übergewichtige Kind
ISBN 3-576-11234-0

Elisabeth Fischer/Dr. Irene Kührer
Gesund essen in der Schwangerschaft
ISBN 3-576-11123-9

Andy Fumolo
Schlank und fit nach der Schwangerschaft
ISBN 3-576-10779-7

Ute Gerzabek
Richtig atmen für eine sanfte Geburt
ISBN 3-576-11198-0

Doro Kammerer
Frühchen brauchen Wärme
ISBN 3-576-11099-2

Doro Kammerer
Die lieben Geschwister
ISBN 3-576-11100-X

Doro Kammerer
Guter Rat für Zwillings-Eltern
ISBN 3-576-10685-5

Rita Lanz
Hebammen-Rat für Schwangere
ISBN 3-576-11025-9

Cornelia Nitsch/Cornelia von Schelling
Das war ich nicht!
ISBN 3-576-11278-2

Cornelia Nitsch/Cornelia von Schelling
Kindern Grenzen setzen – wann und wie?
ISBN 3-576-11076-3

Cornelia Nitsch
Trotzphase? – Nerven behalten!
ISBN 3-576-11097-6

Gerda Pighin
Kindern Werte geben – wann und wie?
ISBN 3-576-11127-1

Vera Sandberg
Das überaktive Kind
ISBN 3-576-11217-0

Margarethe Schindler
Kinder loslassen – wann und wie?
ISBN 3-576-11279-0

Peter Walker
Babymassage
ISBN 3-576-11163-8

Vivian Weigert
Schlaf, Baby, schlaf
ISBN 3-576-11023-2

Vivian Weigert
Stillen – Die schönste Zeit mit dem Baby
ISBN 3-576-11098-4

Vivian Weigert
Warum schreit mein Baby?
ISBN 3-576-11233-2

Dr. Renate Zeltner
Was Babys und Kleinkindern schmeckt
ISBN 3-576-11146-8

Mosaik

Jeder Band: 96 Seiten,
durchgehend farbig illustriert.

Erhältlich überall dort, wo es Bücher gibt!